RAPPORTS

DE

MM. LES INGÉNIEURS ET OFFICIERS DE LA MARINE ROYALE;
DE MM. LES INGÉNIEURS DES PONTS ET CHAUSSÉES;
ET DE MM. LES OFFICIERS DU GÉNIE MILITAIRE,

SUR

LE SYSTÈME DE POMPES INVENTÉ PAR M. LETESTU.

⸺⬥⬥⬥⺼⺾

PARIS

—

1844

DIRECTION
DES CONSTRUCTIONS NAVALES.

Rapport sur le nouveau système de pistons et soupapes, présenté par M. Letestu.

Conformément à la dépêche du 29 août dernier, et en vertu des ordres de M. le directeur des constructions navales, des essais ont été suivis par le sous-ingénieur, soussigné, pour constater les avantages d'un nouveau système de pompes proposé par M. Letestu, lequel diffère du système des pompes ordinaires par la disposition du piston et de la soupape ou chopine.

Les deux appareils, l'un à double, l'autre à simple effet, fournis par M. Letestu, suivant un marché du 2 août 1840, et admis en recette à Paris, ont été montés dans un bateau-poste et ont, après diverses réparations, fonctionné l'un et l'autre d'une manière très satisfaisante.

Ces appareils, conçus et exécutés en dehors de toutes les convenances du service de la marine, n'ont pu, comme le prescrivait le second paragraphe de la dépêche précitée, être mis en comparaison avec les pompes royales à double et à simple effet, d'autant plus que les corps de pompe, et surtout les tuyaux d'aspiration, n'étaient pas de mêmes dimensions que dans les pompes de la marine.

Mais attendu qu'il était évident que ces appareils n'avaient pu appeler l'attention du ministre de la marine que par la disposition nouvelle si simple et si ingénieuse de leur piston formé d'un cuir conique fixé uniquement par le sommet, et soutenu par un cône semblable et parallèle, d'un diamètre un peu moindre formé d'une planche de cuivre percée de nombreux trous par lesquels passe l'eau aspirée, le tout fixé sur la tige de la pompe par un écrou placé au sommet du cône ; attendu, que cette disposition de piston et d'une soupape en tout semblable, fixée au bas du corps de pompe, promettait des résultats avantageux, on a cru ne pas trop s'écarter des intentions du ministre en proposant à M. Letestu de construire, aux frais de la marine, sur les dimensions qu'il donnerait et sous sa surveillance, le gréement d'une pompe à double piston, de manière à pouvoir faire une expérience comparative sur le même corps de pompe, avec la même course de piston, en substituant seulement le gréement proposé à celui qui est en usage dans la marine.

M. Letestu s'est mis à l'œuvre, et après deux mois de tâtonnements pour arriver au meilleur résultat possible, le gréement confectionné a été essayé ainsi qu'il suit :

Une pompe à double piston de la marine a été placée le long de l'escarpement de la mare du port militaire, dans laquelle il se trouve de l'eau douce à niveau constant ; immédiatement au dessous du dégorgeoir de la pompe, on a installé une grande baille de la contenance de **2,234** litres, percée au fond d'un trou carré fermant par un clapet qui servait à vider la baille. La brinqueballe de la pompe était posée sur des chevalets en bois et ses oscillations étaient limitées à droite et à gauche par la rencontre des tiges de cette brinqueballe sur quatre piquets formant point d'arrêt. On s'est assuré, à diverses reprises, par des lignes de repère, que ces piquets sont restés à la même hauteur pendant toute la durée des expériences, de sorte que toujours les courses de piston ont été d'égale amplitude.

Cela posé, on a monté le gréement ordinaire de pompes de la marine, et on a compté, avec diverses vitesses, le nombre de coups de piston qu'il fallait pour remplir la baille. On a trouvé :

1° 223 coups en 4 minutes 15 secondes environ.
2° 221 — 4 »
3° 217 — 3 »
4° 240 — 9 »

Puis, la chopine étant retirée, on a fait marcher la même pompe, toujours avec les pistons de la marine, et on a trouvé :

5° 236 coups en 5 minutes » secondes.
6° 225 — 3 30

Enfin, sans employer de chopine ni de soupape d'aucun genre, M. Letestu a fait mettre ses pistons dans la même pompe, et on a trouvé :

7° 234 coups en 5 minutes 15 secondes.
8° 224 — 8 »
9° 235 — 2 45

Ici ont été suspendues provisoirement les expériences, parce qu'il était évident qu'une charnière qui compliquait inutilement le système de M. Letestu, nuisait à la marche régulière de la pompe, et sur le conseil qui lui en a été donné, M. Letestu a modifié l'assemblage des tiges et du piston.

Toutefois, sans prétendre comparer encore les deux systèmes entre eux, le gréement de la marine étant supposé dans le meilleur état, tandis que l'autre avait besoin de réparations, on peut déduire de ces expériences les conclusions suivantes :

En mesurant seulement la quantité d'eau élevée par un même nombre de coups de pistons, il en résulte :

1° Qu'avec les pistons de la marine, on obtient d'autant plus d'eau que l'ascension des pistons est plus prompte ;

2° Que cet effet est plus sensible quand la pompe fonctionne sans chopine, que lorsqu'elle marche avec chopine ;

3° Qu'avec les pistons de M. Letestu, l'effet contraire arrive.

Ce qui s'explique très bien par le défaut d'herméticité des pistons et des chopines de la marine, qui laissent descendre une partie de l'eau aspirée avant que, par l'ascension des pistons, cette eau ne soit arrivée au dégorgeoir, tandis que les pistons de M. Letestu, parfaitement hermétiques, n'ont pas le même inconvénient. Il a paru également résulter de ces expériences que les derniers perdaient une partie de leur valeur quand le mouvement était rapide, parce que l'eau n'affluait pas assez facilement au travers du piston : c'est probablement parce qu'il avait entrevu cet inconvénient que M. Letestu a fait accroître postérieurement les trous placés au travers des cônes de cuivre, et qui semblent, soit sous le rapport de la quantité d'eau élevée, soit sous le rapport de la quantité de travail utilement employée, devoir être faits aussi grands que la solidité du piston peut le permettre.

La réparation faite, les expériences furent reprises, et la pompe sans chopine, et avec les pistons de M. Letestu, emplit la baille en :

10° — 222 coups en 3′ 45″.
11° — 222 —— en un peu moins de 3′.
12° — 222 —— en 5′.
13° — 222 —— en 6′.
14° — 222 —— en 6′ 25″.
15° — 225 —— en 9′ 45″.

Puis, deux jours plus tard, M. Letestu ayant adapté une chopine dans la partie conique du corps de pompe, on trouva .

16° — 216 coups en 3′
17° — 221 —— en 4′ 30″.
18° — 225 —— en 6′.

Puis on remonta le système de pistons de la marine avec chopine. Cette expérience, dont les préparatifs furent faits sans surveillants, donna :

19° — 222 coups en 2′ 45″.
20° — 228 —— en 3′ 30″.

Les expériences n°ˢ 10, 11, 15 sont remarquables en ce qu'elles montrent que la pompe de M. Letestu, sans chopine, donne au moins autant d'eau quand elle fonctionne lentement que lorsqu'elle fonctionne vite. En effet, en interprétant ces résultats, il ne faut pas oublier que la baille perdait par la vanne du fond une quantité d'eau évaluée au moins au produit d'un coup de piston par chaque minute de durée des expériences, que cette perte, sensiblement identique de part et d'autre quand il s'agit d'expériences comparatives faites pendant le même laps de temps, accuse ici un avantage absolu en faveur des pistons de M. Letestu, quand on diminue la vitesse, tandis que le contraire arrive pour les pistons de la marine, surtout lorsque, comme ici, il ne se trouve pas de chopine. Il est également à remarquer que, malgré les points d'arrêts sur lesquels s'arrêtait la brinquebale à chaque coup de piston, les courses doivent être plus grandes quand, par un mouvement précipité, la brinqueballe frappe violemment sur les arrêts, que lorsque le mouvement vient s'amortir lentement ; et qu'il résulte de là un nouvel avantage analogue à celui qui dérive de l'observation ci-dessus.

En comparant l'ensemble de toutes ces expériences, et ne tenant aucun compte des expériences 7, 8 et 9, faites alors que les pistons Letestu n'avaient pas toute leur perfection, on est naturellement conduit à prendre la moyenne des expériences 1, 2, 3, 19 et 20 pour le gréement ordinaire avec chopine, et 16, 17 et 18 pour le gréement Letestu, avec chopine également (l'expérience 4 étant supprimée comme correspondant à une vitesse trop petite relativement à la pratique, et relativement au temps qu'ont duré les autres expériences mises en comparaison). Ce rapprochement donnerait en moyenne 222,2 coups de piston pour le premier cas, et 220,4 pour le second, différence en nombre rond, deux coups en faveur du gréement de M. Letestu.

Sans chopine, la comparaison s'établit entre les expériences 5 et 6 d'une part, et 10, 11, 12, 13, 14 de l'autre (l'expérience 15 devant être négligée par le même motif que ci-dessus). On trouve ainsi, dans le premier cas, une moyenne de 230,5, et dans le second 222, différence en nombre rond, 9 coups en faveur des pistons de M. Letestu, sans chopine.

En résumé, ces expériences faites seulement sous le rapport de la quantité d'eau produite par un certain nombre de coups de piston, ont donné pour résultat, savoir :

1° Les pompes du système Letestu, avec chopine, comparées aux meilleures pompes de la marine, également avec chopine, donnent un produit au moins équivalant ;

2° Sans chopine, les premières présentent sur les secondes, également sans chopine, un avantage d'environ 4 pour 100.

3° Sans chopine, les premières donnent un produit équivalant aux secondes munies de leur chopine.

On eût désiré pouvoir compléter cette comparaison par des expériences qui eussent pour but de déterminer le rapport du travail produit au travail dépensé, mais de pareilles expériences sont trop longues, trop délicates, pour qu'on ait cru nécessaire de les entreprendre; d'autant plus que, sous ce rapport comme sous plusieurs autres, les pompes, ou plutôt les pistons proposés semblent devoir avoir l'avantage, et que dans l'état de la question, on croit pouvoir émettre une opinion positive sur ces pistons.

Le nouveau système présente des avantages et des inconvénients; nous commencerons par ces derniers, parce que la liste en est moins longue tant que l'expérience n'en aura pas fait reconnaître de nouveaux.

1° Les pistons ont une longueur plus grande que le diamètre du corps de pompe; de là l'obligation d'employer pour eux un corps de pompe plus long que pour les pistons ordinaires. Cet inconvénient, presque de convention, quand il s'agit de faire des pompes de toutes pièces, eût été grave, s'il eût empêché d'appliquer ce système au nombreux matériel que la marine possède en corps de pompes, en brinqueballes, etc.; mais les expériences qui ont été faites ont prouvé que, sous ce rapport, au moins, la marine, pourrait, si elle y trouve de l'avantage, adapter les pistons de M. Letestu aux pompes à double piston qui servent à l'épuisement de la cale des bâtiments;

2° Sans s'arrêter à l'expérience qui a été faite avec une chopine descendue par le corps de pompe, on regarde comme un fait bien positif que les chopines du système de M. Letestu sont tout-à-fait inapplicables aux pompes d'épuisement des bâtiments armés. Il suffit de connaître le peu de précaution des calfats naviguant et de voir une de ces fragiles chopines pour s'en convaincre. D'un autre côté, il n'y a pas lieu de remplacer cette chopine par une soupape placée dans la jonction du corps de pompe avec le tuyau d'aspiration, soupape que l'on ne pourrait ni visiter, ni réparer sans démonter la pompe. De ces deux faits réunis, on conclut nécessairement que le système proposé est inapplicable pour toutes les pompes d'épuisement à simple effet des bâtiments armés;

3° Il est à craindre peut être que ces pistons ne puissent bien fonctionner, surtout dans un corps de pompe qui ne serait pas poli, qu'avec un cône et un cuir de dimensions très précises. Il semble qu'un cuir un peu trop long courrait le risque de se replier sur lui-même, malgré le soin que l'on prend d'en amincir le bord; et s'il en était ainsi, on aurait à craindre que la petite bande de cuir qui déborde le cône de cuivre s'usât assez vite, pour que le piston perdît promptement une partie de son herméticité. Mais c'est à une expérience prolongée pendant assez long-temps qu'il faudrait s'en rapporter pour arrêter une opinion positive à ce sujet.

Les avantages des pistons proposés sont nombreux :

1° Le cuir est entretenu toujours humide, puisqu'il reste toujours plein d'eau, lors même que la pompe viendrait à se désamorcer. Partant, ce cuir conservera toujours sa souplesse primitive, et l'on sait que le cuir se conserve très long-temps dans l'eau de mer;

2° Ces pistons sont bien plus hermétiques que les pistons ordinaires. La pompe à double piston non amorcée amène de l'eau notablement plus vite avec eux qu'avec les pistons ordinaires ;

3° Ils semblent présenter moins de chances d'engorgement que les pistons et les soupapes ordinaires, ne fût-ce qu'en procurant dans l'intérieur du cône en cuir un vaste réceptacle aux graviers qui peuvent se trouver aspirés dans la pompe, et qui, avec les pistons ordinaires, obéissant à tous les mouvements de l'eau, finiraient presque toujours par se placer dans une position nuisible au jeu de quelques pièces ;

4° Ils ont moins de frottement contre les parois du corps de pompe, ce qui vient en compensation de la perte de force qui doit résulter du passage de l'eau par les petits trous percés dans les cônes de cuivre ;

5° Ils peuvent être adaptés sans perdre aucun de leurs avantages, dans des corps non cylindriques, ce qui les rend particulièrement avantageux pour toutes les pompes communes à corps de bois, ou à corps métalliques chaudronnés grossièrement et susceptibles d'être bosselés ;

6° Et enfin, ils sont simples, composés de très peu de pièces et très faciles à monter et à démonter.

En résumé, les pompes du système Letestu, soutiennent honorablement la comparaison avec les pompes d'épuisement des cales des bâtiments armés, c'est-à-dire avec les meilleures pompes connues et dont toutes les parties sont travaillées avec une précision sans laquelle les pompes Letestu produiraient tout autant d'eau. Cette seule considération semble suffisante pour déclarer qu'il y a lieu à essayer en grand de faire l'application de ces pompes, ou plutôt de ces pistons aux usages de la marine, soit pour les pompes diverses qui font partie de l'armement des bâtiments, soit pour les pompes d'épuisement à double piston seulement, et à condition de se passer de chopine. Mais, il est évident que c'est surtout dans les usages civils, là où les conséquences d'une réparation sont assez peu graves pour que l'on puisse mettre en première ligne la dépense première du corps de pompe, que cette invention est destinée à jouer un rôle important.

Un moyen d'expérience tout naturel pour la marine et peu dispendieux, serait de donner, comme supplément, à un certain nombre de bâtiments armés, un gréement de pompes à double piston, suivant le système de M. Letestu.

Cherbourg, le 12 novembre 1840.

L'officier du génie maritime,

Signé, ALLIX.

Le directeur des constructions navales, soussigné, adopte pleinement les conclusions du rapport ci-dessus, et fait la proposition formelle de donner à divers bâtiments, et pour les diverses pompes de bord, des pistons dans le système de M. Letestu, en sus de ceux ordinaires, pour être éprouvés, en chargeant les commandants de rendre un compte positif de leurs expériences. Il pense que ces pistons convenablement établis pour assurer leur solidité, remplaceraient avec avantage et économie ceux en usage, mais qu'il reste à trouver une manière facile de placer la chopine dans la pompe à simple effet, ce qui ne paraît guère possible avec la condition de la pouvoir assurer dans sa position, visiter et changer promptement et sûrement avec les corps de pompes actuellement en usage.

Cherbourg, le 19 novembre 1840.

Signé, LEFEBVRE.

Pour copie,
Le contre-amiral, préfet maritime,
Signé, DE MARTINENG.

N° 2.

PLACE
DE
CHERBOURG.

GÉNIE.

Attestation donnée à M. Letestu, rue de Vendôme, n° 9, à Paris, pour une pompe qu'il a construite et fournie pour les travaux du génie militaire.

Les différentes épreuves auxquelles nous avons soumis la pompe construite par les soins de M. Letestu, pour le service du génie dans la place de Cherbourg, constatent une supériorité marquée de cette pompe sur celles qu'on emploie ordinairement. La construction en est fort simple et les réparations sont faciles à exécuter. Deux hommes, de force moyenne, peuvent la manœuvrer facilement. Mise en mouvement à différentes reprises, elle a donné 350 litres par minute à une hauteur de 4^m35, tandis qu'une pompe ordinaire en bon état, manœuvrée également par deux hommes, n'a donné dans le même temps que la moitié de ce produit à une hauteur un peu plus faible. Nous devons ajouter que les hommes ont constamment déclaré qu'ils se fatiguaient plus en manœuvrant la pompe ordinaire.

Nous trouvons dans la pompe de M. Letestu un autre avantage sur les autres pompes, c'est de ne pas s'ensabler ; ce que nous avons constaté, d'abord en faisant jeter du sable et du gravier dans l'intérieur du corps de pompe, sans que la manœuvre parût devenir plus difficile et sans que le produit diminuât sensiblement. Nous avons ensuite fait plonger le pied de la pompe dans une forte couche de sable mêlé de gravier, de manière à couvrir entièrement les trous d'aspiration. La pompe mise en mouvement a épuisé facilement toute l'eau qui se trouvait au-dessus de cette couche. Quoique les expériences n'aient été faites que pendant un temps très court, tout porte à croire que cette pompe, en service, donnera constamment de très bons résultats.

Les expériences qui ont donné lieu au présent certificat ont été faites par le capitaine du génie le Bretevillois.

M. Letestu a fourni également plusieurs pompes à la marine et toutes ont présenté un résultat très satisfaisant.

Cherbourg, le 12 mars 1841.

Le chef du génie,

Signé, A. DEMONDESIR.

N° 3.
—
NOUVEL ARSENAL
DE
CHERBOURG.
—
MARINE.

L'an mil huit cent quarante et un, le dix mars, à Cherbourg.

Nous, contre-maîtres des ateliers en bois de la direction des travaux hydrauliques, et conducteurs, soussignés, attestons avoir vu fonctionner, à l'épuisement des parties profondes des excavations de l'arrière-bassin en construction au nouvel arsenal militaire du port de Cherbourg, une pompe du système de M. Letestu, dont nous donnons la description ci-après.

Elle se compose :

1° D'un corps de pompe formé d'un ancien cylindre en bois de chêne, de 0^m40 de diamètre intérieur, sur 8^m50 de longueur et de 0^m09 d'épaisseur. Ce cylindre a été rallongé en sapin, dans sa partie inférieure, de 3^m00, pour former du fond des excavations du bassin jusqu'au dégorgeoir, une longueur totale de 10^m.

La partie supérieure du corps de pompe est surmontée de quatre gibets placés à angle droit, lesquels sont destinés à supporter le système de brancard à brinqueballes qui met la pompe en mouvement.

A 10^m au dessus de son extrémité inférieure, est établi un dégorgeoir ayant 0^m23 de largeur, sur 0^m15 de hauteur.

2° De deux pistons côniques de 0^m40 de diamètre, maximum, composés de deux pièces chacun dont un cône en cuivre percé d'une multitude de trous pour donner passage à l'eau, et d'un cône en cuir d'environ $0,008$ d'épaisseur préparé à la chaux, formant soupape.

Ces pistons sont fixés : celui supérieur, à l'extrémité inférieure d'une tige cylindrique en bois de sapin recreusée centralement dans toute sa longueur pour donner passage à la tige en fer à l'extrémité inférieure de laquelle est attaché le piston inférieur.

Le battement de ces pistons a lieu dans une enveloppe en cuivre chaudronné au marteau de 2^{m}00 de longueur sur 0^{m}002 d'épaisseur, appliquée contre les parois intérieures du cylindre principal en bois.

Au dessus de cette enveloppe est placée une soupape fixe en bois de 0^{m}40 de diamètre, formée d'un disque à surfaces planes percé de trous et recouvert à la surface supérieure par une lame de cuir de même espèce que celui des pistons et de même diamètre que le disque sur lequel elle est fixée par le centre avec un boulon.

3° De deux leviers formés de brancards à bascules, qui leur communiquent un mouvement alternatif.

Ces leviers servent à tirer verticalement et centralement les deux pistons, de manière à maintenir la colonne d'eau en mouvement ascensionnel continu.

Les deux leviers et le brancard tournent sur les quatre gibets dont il a été parlé, au moyen de boulons en fer. Le rapport des longueurs des branches formant les grands leviers et les petits leviers ci-dessus indiqués, est de 1^{m}84 à 1^m.

Ce système de brancards et leviers en bois relié avec quelques frettes en fer, a été établi à faux frais et aussi grossièrement que possible, tant en travaux de charpente que de forge.

Cette pompe ainsi établie et appuyée sur un échafaudage provisoire pour recevoir les travailleurs, a été mise en mouvement en notre présence, ce qui nous a mis à même de faire les observations dont nous allons rendre compte.

LE 6 MARS 1841, AU SOIR.

Première observation.

16 hommes agissant sur le brancard à basculer, dont 8 à chaque extrémité, ont rempli en 24 minutes et en 1,378 coups de piston (en appelant coup chaque montée d'un piston) un réservoir jaugé avec la plus grande précision à 18,640 litres.

L'eau a été élevée pendant cette observation, ainsi que dans celles qui suivent, à une hauteur de 5^{m}90.

LE 7 MARS, APRÈS MIDI.

Deuxième observation.

12 hommes ont rempli le même réservoir en 17′ 30″. Le nombre de coups de piston n'a pas été compté.

Troisième observation.

16 hommes ont rempli le même réservoir en 20′ 30″ et en 1,078 coups de piston.

Quatrième observation.

16 hommes ont rempli le même réservoir en 793 coups de piston et en 16 minutes.

LE 8 MARS.

Cinquième observation.

16 hommes ont rempli le même réservoir en 862 coups de piston et 23 minutes; mais il faut ajouter

aux 18,640 litres, contenance du réservoir, 4,100 litres environ provenant des fuites de la vanne de ce réservoir, et dont une partie a été recueillie pendant la durée de l'observation à l'aide des seilles, et le reste évalué approximativement.

Les courses des pistons ont varié d'une observation à l'autre, de 0^m12 jusqu'à 0^m16.

On doit dire que, lors de la première observation, les moyens d'installation étaient imparfaits; qu'il y avait de nombreuses fuites dans les conduits au réservoir; que les hommes étaient fatigués du travail de la journée et que la plupart d'entre eux étaient d'un âge avancé et entièrement étrangers à ce genre de travail. Par ces motifs, nous ne nous servirons pas de cette observation pour établir la moyenne du produit de cette pompe.

Il résulte des quatre dernières observations que le produit moyen de cette pompe a été de 1,021 litres 55 par minute. M. Letestu n'avait annoncé que 1,000 litres.

La fatigue des travailleurs était au plus la même que dans les travaux des chapelets ordinaires, en ne comptant qu'un relais d'hommes toutes les demi-heures, comme dans ces dernières machines lorsqu'elles fonctionnent avec 12 hommes.

Ces faits ayant eu lieu en notre présence sur la demande de M. Letestu, nous lui en avons dressé le présent procès-verbal.

Les contre-maîtres des ateliers en bois,

Signé, LECARPENTIER, DUPONT, ARBOUSSE.

Suivent les signatures des conducteurs.

Le directeur, soussigné, des constructions hydrauliques et bâtiments civils du port et de la rade de Cherbourg, en légalisant les signatures ci-dessus des employés et agents placés sous ses ordres, déclare et fait remarquer :

1° Qu'il a constaté, personnellement, la facile application à des pompes ordinaires et le bon service du nouveau système de heuses et de chopines de M. Letestu ; la continuité et la régularité de leur perfectionnement, même lorsque les eaux à élever sont chargées de troubles, tels que sables, argile, etc., etc.

2° Que les résultats obtenus dans les épreuves relatées ci-dessus portent l'effet utile d'une journée de travail de 10 heures d'un fort manœuvre, gagnant 1 fr. 70 c. par jour à Cherbourg et à la tâche.

À 19^m cubes d'eau élevés à 5^{m}90 de hauteur ou à 113 mètres cubes élevés à 1^{m}00.

En admettant toutefois, ce qui ne saurait être douteux, que deux relais, chacun de 16 hommes, se remplaçant l'un et l'autre toutes les demi-heures, maintiennent la pompe en activité pendant 10 heures consécutives.

3° Que les meilleures pompes en usage, ainsi que les pompes royales et les pompes à double piston, en service sur les bâtiments de guerre, n'ont fourni l'effet utile ci-dessus que pendant quelques heures d'un travail forcé, et n'ont point, en travail continu, atteint 90^m cubes à 1^m par homme.

4° Que les chapelets ordinaires, que leur facile réparation et leur emploi sur différents angles ont fait adopter exclusivement jusqu'ici à Cherbourg pour les épuisements des divers travaux hydrauliques, n'ont jamais produit pour l'effet utile de chacun des 24 hommes travaillant en deux relais de 12 hommes, au plus que 80^m cubes d'eau à 1^m.

5° Que les résultats obtenus par la pompe de M. Letestu, et relatés plus haut, eussent encore été plus avantageux, si le corps de pompe avait été d'un seul morceau, et si l'on avait eu le temps d'effectuer les ouvrages de détail qui eussent réduit au minimum les frottements sur les points fixes des grandes brinqueballes d'application des hommes.

6° Que la seule incertitude qu'il reste encore à lever se rapporte au nombre et à l'importance des interruptions de travail et des réparations à faire dans un fonctionnement continu de plusieurs semaines, et que, toutefois, il est présumable, même sous ce rapport, que le système de heuses et de chopines de M. Letestu ne sera pas inférieur à ceux en usage.

Cherbourg, le 12 mars 1841.

Signé, REIBELE.

MARINE.

Procès-verbal sommaire et descriptif des installations de pompes faites par M. Letestu, dans les établissements de la marine, au port de Cherbourg.

Les installations exécutées dans les établissements par M. Letestu, pour éprouver le système de pompes dont il est l'inventeur, consistent dans le remplacement de quelques pompes existantes par des pompes nouvelles et dans le changement des heuses et chopines seulement de quelques autres.

1° *Pompe nouvelle de la boulangerie de la marine.*

Cette pompe, aspirante et foulante, mue facilement par un seul homme, élève l'eau à une hauteur de 4ᵐ76. Le corps, le piston, les soupapes sont en cuivre de chaudronnerie, garnis de cuir selon le système. Le piston, mu par une tige en fer galvanisé, se compose de deux cônes opposés par le sommet, dont l'un aspire et l'autre refoule ; la soupape d'aspiration est de forme conique et garnie comme les pistons.

Expériences sur le débit :
Diamètre du piston.......... 0ᵐ187.
Course...................... 0ᵐ155.
Hauteur du dégorgeoir au
   dessus de l'eau .... 4ᵐ760.
Nombre total de coups de piston.,.. 138.

Temps d'expérience..... 5 minutes.

Volume débité par le dégorgeoir......... 0ᵐ,414 pendant l'expérience, d'où on conclut qu'un homme, peut, sans fatigue, monter, par minute, 0ᵐ083 à la hauteur de 4ᵐ760.

Pour comparer l'effet utile à ceux des autres pompes, on peut choisir pour unité dynamique, l'élévation de 75ᵏ à 1ᵐ de hauteur en une seconde, ce qui ferait 4,500ᵏ à 1ᵐ, en une minute.

En rapportant l'effet utile de la pompe de la boulangerie à cette évaluation, on trouve qu'il a pour mesure 0,088ᵘⁿⁱᵗᵉ ᵈʸⁿᵃᵐⁱᑫᵘᵉ.

2ᵒ *Pompe nouvelle de l'atelier des salaisons.*

Le corps de pompe ainsi que la heuse sont en cuivre de chaudronnerie. La chopine consiste en un bouchon de bois percé de trous recouverts d'une rondelle de cuir mobile fixée par le centre.

Un seul homme la meut avec facilité.

Epreuve du débit :

    Diamètre de la heuse....... 0ᵐ096.
    Course de la heuse........... 0ᵐ235.
    Hauteur de l'élévation de
        l'eau jusqu'au dégorgeoir 5ᵐ050.
    Temps d'épreuve... 2′ 54″.
    Volume débité......... 0ᵐ200.
    Nombre de coups de piston..... 117.

En une minute, un homme élève donc à la hauteur de 5ᵐ05 — 0ᵐ069.

Effet utile de la pompe... 0,076ᵘⁿⁱᵗᵉ ᵈʸⁿᵃᵐⁱᑫᵘᵉ.

3° *Pompes des équipages de ligne.*

M. Letestu a mis dans l'ancien corps de pompe en bois une heuse et une chopine en bois, de son invention, semblables à celles de métal, mais plus épaisses. Cette pompe, d'un assez grand diamètre, est encore un peu dure à mouvoir ; aussi met-on souvent deux hommes à la brinqueballe.

Recherche du débit de la pompe mue par deux hommes :

<blockquote>
Diamètre de la heuse........ $0^m 165$.
Course du piston. .... $0^m 172$.
Hauteur de l'élévation de
   l'eau jusqu'au dégorgeoir $5^m 10$.
Temps d'épreuve... $1' 30''$.
Volume débité......... $0^m 200$.
Nombre total de coups de piston... 60
</blockquote>

Par conséquent, en une minute, deux hommes élèvent $0^m 133$ à $5^m 10$.

Un homme élève donc $0^m 066$.

Effet utile en une seconde... $0,133$[unité dynamique].

Un seul homme, mouvant la brinqueballe avec effort, a mis $2' 24''$ à remplir $0^m 200$, en donnant 66 coups. Il a donc élevé en une minute $0^m 083$ à $5^m 10$.

Le nombre de coups de piston, par minute, est moindre que dans la première épreuve, et pourtant le travail utile de l'homme est bien plus grand.

4° *Pompes des plains à chaux.*

Les heuses et chopines de l'ancien corps de pompe

en bois, ont été remplacées par d'autres de nouvelle espèce. La heuse, exécutée une première fois en bois, est aujourd'hui en cuivre. On a substitué une chopine en fonte à celle de bois.

Un seul homme fait mouvoir cette pompe assez facilement.

Expérience sur le débit :

Diamètre de la heuse.......... $0^m 130$.

Course............................. $0^m 171$.

Hauteur de l'élévation de l'eau jusqu'au dégorgeoir. $5^m 43$.

Temps d'épreuve....... $3'$.

Volume débité.......... $0^m 200$.

Nombre de coups de piston...... 94.

On en conclut qu'un homme élève $0^m 066$ à $5^m 43$ dans une minute.

Effet utile en une seconde... $0,086$unité dynamique.

Les résultats qui précèdent font voir combien les pompes de M. Letestu, sont supérieures à celles ordinaires d'un même diamètre.

Les expériences isolées qui les ont donnés sont dans les conditions ordinaires des pompes de petit diamètre dans les établissements. Mais la continuité d'emploi, comme dans les épuisements, ne permettrait pas d'en tirer un produit aussi considérable dans des temps égaux,

A égalité d'installation, les avantages des heuses et chopines de M. Letestu feront donner la préférence à ses pompes sur les autres moyens d'épuisement.

Elles sont d'une construction facile, n'ont point généralement besoin d'être amorcées et font très-promptement le vide. Le cuir des heuses se présentant à toutes les formes intérieures de la pompe, l'exigence d'un mouvemement vertical d'aspiration disparaît, et cela est d'une grande importance pour les pompes grossièrement confectionnées, en usage dans une multitude de circonstances, où le défaut de soin des ouvriers accélère bien plus la mise en réparation que le service même. Cette facilité du cuir à se prêter aux configurations du corps de pompe, pare à l'usure égale ou inégale des parties frottées. Elle permet passage à des corps tels que du sable, du gravier ou de la vase qui arrêtent les pompes ordinaires. L'espèce d'entonnoir formé par la heuse sert de réservoir aux corps légers qui pourraient tomber et obstruer le mouvement. Les heuses et chopines nouvelles fonctionnent donc facilement dans les corps de pompe en bois; le cuir embrasse bien la fibre; l'avantage reste toujours néanmoins aux corps de pompe en métal.

Quelque bien conditionné que soit un piston à soupape, le passage de l'eau se faisant par le centre éprouve une contraction.

Il en est bien autrement encore des pistons à clapet, qui ne s'ouvrent pour ainsi dire qu'à regret sous la pression inférieure. Ici, au contraire, l'eau passe surtout par le contour de la heuse qui offre un grand débouché et sans contraction; puis ferme presque hermétiquement les orifices par son poids dès qu'on imprime un mouvement ascendant.

Une course allongée et lente de la heuse paraît donner le meilleur produit des pompes de M. Letestu. Or, cette circonstance concourt avec une moindre fatigue pour l'ouvrier, et par conséquent lui permet de travailler plus long-temps. Il en doit résulter bénéfice dans le débit de la pompe, et moins de temps perdu dans les relais d'épuisement.

Une course allongée dans toute pompe doit, au premier coup d'œil, donner plus qu'une série multipliée de coups brefs ; car chaque changement dans le sens du mouvement est une cause de déperdition de temps. Dans les pompes de M. Letestu, un mouvement régulier et non précipité paraît surtout avantager le produit. En calculant à l'avance le débit d'après la course des heuses et le comparant au débit réel, on trouve peu de différence, ce qui tient à l'excellence du mode aspiratoire.

Pendant les froids, on dégèle ordinairement les pompes en y jetant de l'eau chaude. Celle-ci détend et gonfle les cuirs. On n'a pas observé cet effet sur les heuses nouvelles, qui reposent sur l'élasticité du cuir. On sait seulement qu'elles ne jouaient pas pendant les gelées.

Jusqu'à présent ces pompes ont trop peu d'existence pour que l'on puisse parler de leur entretien. Mais tout porte à croire qu'il sera léger : d'abord, elles se meuvent facilement, surtout si les heuses et chopines sont en métal, ce qui les rend plus légères, et permet de les percer de plus de trous.

Les surfaces frottantes sont petites ; d'ailleurs, M. Letestu a pris soin de donner au tuyau d'aspiration de ses pompes le même diamètre qu'à la chambre de la heuse. Ensuite, la flexibilité du bord des cuirs se prête à tous les mouvements et à tous les contacts.

Au total les résultats obtenus à Cherbourg font croire que les pompes de M. Letestu remplaceraient, avec beaucoup d'avantages, celles des établissements civils ordinaires et celles des travaux publics.

Cherbourg, le 12 mars 1840.

L'ingénieur des travaux hydrauliques, membre de la commission des recettes du port,

Signé, PIGAULT DE BEAUPRÉ.

Vu pour légalisation de la signature de M. l'ingénieur Pigault de Beaupré, et pour attestation, etc.

N° 5.
—
GÉNIE.
—
FORTIFICATIONS DE PARIS.
—
Rive droite.

Nous avons appliqué les pompes Letestu aux épuisements des travaux de fortifications de Paris.

Seize de ces pompes, dont six de 30 centimètres de diamètre et à double effet, fonctionnent depuis 4 mois environ.

Celles de 30 centimètres ont travaillé jour et nuit pendant 2 mois consécutifs, aspirant l'eau à 7 et 8 mètres de profondeur.

Bien que les eaux soient constamment chargées de terre, de vase, de sable et même de gros graviers, ces pompes ont résisté à toutes ces épreuves, et nous rendent encore les plus grands services.

Paris, le 8 octobre 1841.

Le maréchal de camp, directeur des fortifications.

Signé, VAILLANT.

Rapport de la commission nommée par le vice-amiral, préfet maritime du cinquième arrondissement, à l'effet d'examiner le système de pompes de M. Letestu.

COMPOSITION DE LA COMMISSION :

MM. BELLANGER, Michel, capitaine de vaisseau, président.

SIAS, capitaine de corvette, sous-directeur du port.

LAMBERT, ingénieur des travaux hydrauliques.

DUPUY DE LÔME, sous-ingénieur des constructions navales.

Dès le premier examen que l'on fait des pompes de M. Letestu, elles se recommandent par une bonne conception et une grande simplicité. Toutes les soupapes ou clapets de pied se composent d'une surface plane, le plus souvent circulaire, percée d'un grand nombre de trous et recouverte par un cuir tenu par une simple vis ou un boulon à écrou. Ceux des pistons qui doivent laisser passer l'eau dans un sens consistent en un cône en cuivre chaudronné, dont la grande base est, à très peu près, du diamètre du corps de pompe et la hauteur un peu plus grande que ce diamètre. Toute la paroi de ce cône est percée de trous recouverts par un cône intérieur en cuir qui déborde le premier et s'applique contre les parois du corps de pompe. En taillant le secteur circulaire qui, une fois enroulé, doit former ce cône, on a soin de tenir son angle au centre assez grand pour qu'à l'en-

droit où le cuir est coupé il se recouvre lui-même ;
(il faut éviter de le coudre, comme on pourrait quelquefois être tenté de le faire.)

La tige du piston s'introduit par la base du cône,
un écrou la saisit du côté du sommet et serre le cône
en cuir entre le corps métallique et une protubérance
dont la tige est munie à cet effet.

Les pistons pleins, c'est-à-dire ceux qui ne doivent laisser passer l'eau dans aucun sens, se composent de deux pistons semblables à celui que nous
venons de décrire et placés inversement sur la tige,
de manière que leurs sommets ou leurs bases se re-
gardent ; on supprime seulement alors les trous du
cône métallique qui deviennent inutiles. Cependant
dans les pompes aspirantes et foulantes, M. Letestu
place quelquefois ces deux cônes à assez grande dis-
tance l'un de l'autre, de manière que l'orifice du
tuyau de refoulement soit situé entre les deux bases
qui sont en regard ; dans ce cas, le piston inférieur
doit laisser passer l'eau quand il descend, aussi
n'est-ce que pour le piston supérieur qu'il supprime
les trous du cône métallique.

Au besoin, le cuir entrant dans la confection des
clapets et pistons, peut être remplacé par de la toile
à voile, des tresses en chanvre, de feutre, ou toute
autre matière analogue ; il est même certains cas où
les tresses en chanvre doivent être préférées au cuir,
par exemple chaque fois que la pompe sera exposée
à fonctionner dans de l'eau à une température dépassant une cinquantaine de degrés.

Il est inutile d'expliquer ici comment ces pistons

et clapets fonctionnent; chacun le comprend à la première vue.

Par l'exposé qui précède on voit déjà que ces pompes sont d'une simplicité extrême; leur construction est en effet plus facile et moins coûteuse que celle des pompes maintenant usitées en marine. Les corps de pompes n'ont pas besoin d'être alésés, ce qui permet de les faire en cuivre chaudronné de peu d'épaisseur et ce qui a surtout le grand avantage d'éviter une réparation fréquente, qui consiste à aléser l'entrée des corps de pompe lorsque le piston a agrandi le diamètre à l'endroit où il frotte, sous peine de ne pouvoir plus introduire un piston suffisamment garni pour remplir plus bas. Les pistons de M. Letestu ont parfaitement la propriété de fonctionner dans des tuyaux d'un diamètre peu régulier et même pas bien circulaire, sans que leur action en soit nullement contrariée. (Ces deux tolérances ont pour mesure le jeu laissé entre le cône métallique et le corps de pompe, jeu que M. Letestu ne porte qu'au double de l'épaisseur du cuir.)

Ces pompes, comme en général tout engin dans la construction duquel la précision n'est pas de rigueur, doivent naturellement être peu exposées aux avaries et de plus elles sont peu sujettes à s'engorger. La commission en a fait l'expérience en puisant avec l'une d'elles de l'eau dans un réservoir rempli de sable, de copeaux, de sciure de bois et de matières filandreuses telles que de l'étoupe et des bouts de torons. Des poignées de sable ont même été jetées dans l'intérieur du corps de pompe sans que le piston cessât pour cela de fonctionner et même de donner un produit presqu'aussi considérable que s'il puisait de l'eau claire. Le jeu de tout piston ou soupape à clapet métallique eût infailliblement été annulé dans ces circonstances : la cause de l'avantage d'un clapet en cuir dans ce cas est évidente, c'est qu'il se replie autour du corps étranger quelconque qui s'interpose momentanément entre lui et son siége, et il n'en vient pas moins boucher tout passage à l'eau qui voudrait repasser, tandis qu'un clapet métallique retenu en un seul point pour le moindre gravier, bâille sur tout son contour, l'aspiration devient impossible, le gravier reste en place, et la pompe cesse de fonctionner.

Durée des clapets et cônes en cuirs. Quant à la durée des cuirs, tout porte à croire qu'on n'aura que très rarement à les changer, et d'ailleurs cette opération se fera toujours très vite et très facilement.

Les faits suivants peuvent donner une mesure approchée de la durée des cuirs de ces pompes.

Un piston du système de M. Letestu, de 30 centimètres de diamètre et 47 de course, fonctionne pour l'épuisement des eaux d'infiltration du bassin neuf; depuis le 16 novembre 1841, il reste continuellement enclanché à la machine à vapeur qui mène l'atelier d'ajustage, de sorte qu'il fonctionne moyennement 13 heures par jour en donnant 20 coups par minute; tantôt, il a de l'eau à prendre, tantôt, il frotte à vide; l'aspiration est de 6^{m}80; la traînée horizontale est longue et présente plusieurs coudes; dans ces conditions d'un service assez pénible le cuir du piston a été renouvelé le 31 décembre et le 23 février; celui de la soupape, qui n'a pas de frottement contre les parois n'a pas encore été touché.

Il y a un peu plus de trois mois que les pompes royales du bâtiment à vapeur *le Tartare*, installées dans ce système, ont commencé à fonctionner, et elles sont encore en aussi bon état que le premier jour de leur pose; d'ailleurs, nous savons déjà que les pistons en cuir embouté, dont on se sert depuis long-temps, sont de bonne durée. La commission est donc portée à croire qu'on n'aura que rarement à changer les cuirs des pistons, bien moins souvent encore ceux des soupapes; et quant à la partie métallique des pistons et clapets, pourvu qu'elle soit convenablement solide, elle durera tout autant que le métal ne sera pas trop amoindri par l'oxidation dont l'action, comme on le sait, est fort lente sur le cuivre; le bout de la tige qui pénètre le cône en cuivre et l'écrou qui la tient pourraient seuls se détériorer assez rapidement tant qu'on laissera cette tige en fer. Pour ce motif, il vaudrait mieux peut-être fondre le cône en bronze au lieu de le faire en cuivre chaudronné (quoique ce dernier procédé soit plus économique de construction) parce que le bronze aurait sur la tige en fer en contact avec lui une action bien moins corrosive que le cuivre rouge. Un autre moyen efficace serait de ne pas négliger de zinguer la tige et son écrou.

Application des nouveaux pistons aux pompes existantes. Ce système de pistons et soupapes pourra-t-il s'appliquer aux pompes existant maintenant à bord de nos navires? Oui, cette substitution sera toujours facile pour les soupapes, le plus souvent aussi pour les pistons; cependant, il pourrait se présenter des cas où le corps de pompe serait trop court à cause du plus grand espace en hauteur qu'occupent les pistons de M. Letestu, mais encore sera-t-il le plus souvent facile de remédier au manque de longueur du corps de pompe en modifiant les brinquebales de manière à donner un peu moins de course. Dans certains cas seulement de pompes mues par des machines, on serait conduit à changer les corps de pompe en même temps que les pistons.

C'est ce qui est arrivé pour celles de 60 cent. de diamètre servant à l'épuisement des bassins, pour lesquelles la course était forcée par le rayon du villbrequin; du reste, le travail s'est borné à introduire un tuyau chaudronné dans le corps de pompe réduit ainsi à 0^{m}565 de diamètre.

Il est clair que ces nouveaux pistons doivent se prêter à toutes les combinaisons que l'on peut imaginer avec des pompes. Ils fonctionnent très bien comme pistons pleins pour pompes refoulantes, et la commission en a vu plusieurs exemples; entre autres dans une pompe à incendie que lui a présentée M. Letestu, et dont le jeu ne laissait rien à désirer; puis, dans une pompe aspirante et foulante installée à bord *du Montebello*, pompe qu'on manœuvre dans l'entrepont et qui sert à l'épuisement de la cale, en rejetant l'eau à l'extérieur par un tuyau qui s'élève d'abord verticalement jusque dessous le bordé du pont de la batterie basse, qui, là, se recourbe le long du barot et débouche à peu près à la hauteur des hublots; cette installation, qui se recommande évidemment par de grands avantages, ne pourrait incommoder l'entrepont que dans le cas peu probable où une avarie, d'ailleurs toujours facile à réparer, arriverait au tuyau de décharge.

Parmi les nombreux emplois qu'on peut faire des pistons de M. Letestu, la commission a étudié avec soin leur application aux pompes d'épuisement des bassins de radoub, aux pompes de cale et d'étrave des bâtiments, ainsi qu'aux pompes d'incendie, et pour tous ces services elle les a reconnus parfaitement convenables et avantageux. Il a déjà été parlé plus haut des pompes à incendie, ainsi que des pompes royales en fonctions depuis plusieurs mois à bord du bâtiment à vapeur *le Tartare*; des pompes de la cale et d'étrave ont aussi été installées dans ce système à bord du vaisseau *la Ville de Marseille*, où l'on en est satisfait; enfin, on trouvera plus bas le résumé des expériences faites par la commission sur les pompes des bassins de radoub, sur une pompe à double piston puisant à 6^m 90, sur une pompe à simple effet puisant sur la même profondeur, sur une pompe de cale à simple effet montée à bord *du Montebello*, et destinée à y remplacer une des anciennes pompes à double piston de 30 centimètres; enfin, sur les pompes d'étrave de ce même vaisseau. Ces expériences, faites dans le but de mesurer le rendement de ces pompes et la force employée pour les mouvoir, ont toutes donné des résultats favorables; les voici:

Résultats des épreuves comparatives entre les deux jeux de pompes d'épuisement du bassin, l'un avec les pistons et soupapes de M. Letestu, l'autre avec des soupapes à clapets de bronze et des pistons munis de clapets analogues et de garnitures latérales en chanvre.

Nota. Chacun de ces deux jeux de pompes est double et ses deux pistons sont mus par un vilbrequin portant deux manivelles conjuguées. Chaque vilbrequin reçoit son mouvement par une roue d'engrenage placée sur l'arbre d'une machine à vapeur.

Anciennes Pompes.		Pompes Letestu.	
Diamètre du corps de pompe.	0ᵐ 60	Diamètre du corps de pompe	0ᵐ 565
Course.	0 90	Course.	0 90
Le nombre de coups de piston a été réglé à 19 par minute, soit en 45 minutes 1710 coups qui ont produit 510,00 mètres cubes d'eau élevée.		Le nombre de coups de piston a été réglé à 19 par minute, soit en 45 min. 1710 coups qui ont produit 510,00 mètres cubes d'eau élevée.	
Le volume géométrique représenté par 1710 coups de piston est de.	450ᵐcub.	Le volume géométrique représenté par 1710 coups de piston est de.	585ᵐcub.
Rapport du rendement effectif ou volume géométrique. . .	0,715	Rapport du rendement effectif ou volume géométrique.	0,819

Comme on le voit, un résultat fortuit de cette expérience a été qu'un même nombre de coups de piston, dans le même temps, a produit dans l'un et l'autre cas le même effet. Mais les pompes Letestu ayant un diamètre moindre, il en résulte qu'elles ont eu un avantage mesuré par le rapport des sections des corps de pompe qui est de **1,122**.

SECONDE ÉPREUVE ENTRE LES MÊMES POMPES.

ANCIENNES POMPES.	POMPES LETESTU.
Nombre de coups de piston 1180 en 52′ 20″.	Nombre de coups de piston 1100 en 50′.
La quantité d'eau épuisée a été celle contenue dans une couche de 18 cent. d'épaisseur au fond du bassin neuf.	La quantité d'eau épuisée a été la même couche de 18 cent.

La grande quantité de matériaux qui étaient au fond du bassin, n'a pas permis de cuber cette nappe d'eau; mais quelle qu'elle soit, le rapport des puissances de rendement pour un épuisement identique est celui des volumes géométriques d'un coup de piston multiplié par leur nombre, ce qui donne ici **1,202.**

Dans ces expériences la pompe Letestu faisait éprouver au vilbrequin, un instant après le passage de chaque point mort, un choc assez violent qui trouvait son explication naturelle dans le jeu trop considérable qui existait dans les paliers du vilbrequin et dans un manchon reliant la première roue d'engrenage à l'arbre de la machine. On a pu craindre un instant que la soupape ne laissât pas passer l'eau en quantité assez abondante pour fournir à la demande du piston, mais les chocs ont encore continué après que les passages de cette soupape ont été rendus évidemment plus que suffisants; tandis qu'ils ont disparu presque complètement en installant mieux le vilbrequin. Cette réparation n'est pas encore complète, il faudrait changer le manchon : dès que cela sera fait, tout porte à croire que les chocs disparaîtront complètement.

Épreuve de rendement sur la petite pompe d'épuisement du bassin neuf, mue à la machine.

Son diamètre. . . . . 0ᵐ304.
Sa course. . . . . 0 ,47.
Hauteur d'aspiration. . . . 6 ,90.

Volume géométrique d'un coup de piston. . . . . 33,9 litres.

Volume géométrique pour dix coups de piston. . . . . 339 »

Volume d'eau recueillie dans une bâche. . . . . 272 »

Rapport du rendement effectif ou volume géométrique, ... 0,802

Épreuve de rendement sur une pompe à double piston, mue à bras.

Son diamètre. . . . . . . 0ᵐ30.
Sa course . . . . 0 ,20.
Hauteur d'aspiration. . . 6 ,90.

Volume géométrique d'un coup de piston. . . . . 14 litres.

La course a été réglée au moyen de buttoirs, sur lesquels les hommes faisaient à chaque coup toucher les brinqueballes.

8 hommes à cette pompe, en 6 minutes, ont donné 83 coups de pistons doubles ou 166 simples, et ont rempli une caisse cubique de 1ᵐ24 de côté.

Le volume géométrique de 166 coups de piston

est de. . . . . 2,324 litres.
Le volume de la caisse, est de. . . 1,910   »
Le rapport est de. 0,823   »

A la même pompe, en recueillant
    avec soin le produit d'un coup de
    piston, on l'a trouvé égal à. . . .   12 litres.
Le volume géométrique est de. . .   14   »
Le rapport est égal à. 0,857   »

Il paraît donc qu'en fonctionnant trop vite dans le premier cas, il y avait un peu plus de perte puisqu'on avait trouvé 0,823 au lieu de 0,857.

A la pompe à simple effet, installée dans la batterie basse du *Montebello*, pour remplacer une pompe à double piston, de même diamètre, mais de course moitié moindre, la commission n'a pas mesuré le produit, mais elle a vu que 12 hommes la manœuvraient facilement, et faisaient arriver l'eau de manière à la faire couler continuellement à plein dégorgeoir et à remplir la manche en toile qui la conduisait vers le dallot; tandis que pour ne produire que le même effet à l'ancienne pompe à double piston, placée à côté, il y avait 22 hommes aux brinqueballes.

A la pompe d'étrave de ce même vaisseau, un phénomène particulier s'est présenté. Cette pompe aspire à 8^m50; elle a 0^m107 de diamètre; un homme la manœuvrait sans effort et faisait arriver l'eau en abondance. La commission a mesuré exactement le produit de cette pompe; on s'est arrangé de manière à régler la course à 0^m 345 ; un homme a donné huit coups de piston en manœuvrant le levier de la tige du piston avec la plus grande vitesse et en s'arrêtant après chaque coup.

Le produit a été recueilli avec le plus grand soin ; il pesait 26 kilogrammes. Or, la densité de l'eau de mer étant de 1,026, 26 k. représentent 25 litres 15, tandis que le volume géométrique d'un coup de piston n'est que de 3,08 et que 8 fois ce volume ne font que 24 litres 64. Le rendement réel est donc plus grand que le volume engendré par le mouvement du piston ; on pourrait croire à une erreur d'expérience si elle n'avait pas été répétée ; mais le fait s'est toujours représenté le même, et le seul moyen de l'expliquer est d'admettre qu'au moment où le piston est arrêté brusquement, la colonne d'eau ascendante est animée de sa plus grande vitesse, qui ne peut pas être anéantie subitement, et que cette colonne continue à s'élever pendant quelques instants, en franchissant le piston en repos.

Ce phénomène pourrait avoir lieu de même avec d'autres pistons, mais ses résultats ne peuvent être apparents qu'avec ceux qui n'ont que des pertes minimes.

En résumé, la commission a reconnu que les pompes présentées par M. Letestu, plus simples et moins coûteuses de construction que celles maintenant en usage dans la marine, sont en même temps plus faciles à réparer, suffisamment solides et moins susceptibles de se déranger et de s'engorger ; qu'elles offrent peu de résistance pour le frottement, et enfin, qu'elles sont d'un rendement au moins égal à celui des meilleures pompes.

Toulon, le 29 mars 1842.

Les membres de la commission,

Signé : Dupuy, de Lôme, Lambert, Scias et M^{el} Bellanger.

Pour copie conforme,

Le vice-amiral, préfet maritime,

Signé, Baudin.

MINISTÈRE DES FINANCES.

N° 7.
—
SERVICE
DES
PAQUEBOTS.
—
ADMINISTRATION DES
POSTES.

Procès-verbal d'examen d'un nouveau système de pistons, inventé par M. Letestu.

L'an mil huit cent quarante-deux, le vingt du mois de mai, conformément aux ordres de M. le directeur du service des paquebots de l'administration des postes, la commission composée de :

MM. Lorin, lieutenant de vaisseau commandant le Paquebot *le Léonidas,* président ;

De Brun, lieutenant de vaisseau commandant le Paquebot *le Tancrède ;*

Blanc, commis principal, chef des travaux ;

Abgrall, Ier lieutenant du paquebot *le Scamandre ;*

Lightly, mécanicien en chef du service ;

Legat idem, du *Tancrède ;*

S'est réunie à bord *du Tancrède,* à l'effet d'examiner les nouveaux pistons installés par M. Letestu sur les pompes à la royale du susdit paquebot.

Elle a reconnu que les pompes armées des pistons de l'invention de M. Letestu, fonctionnent fort bien et avec peu de monde ; que du sable jeté en grande quantité sur la tête du piston ne nuit point à son service, et que même un seau de mâche-fer, mis entre la crépine et le piston, n'a pas empêché de pomper avec la même facilité ; l'eau montait toujours avec la même abondance. D'après cette expérience, on a lieu de croire que des pompes du système de M. Letestu ne peuvent pas être engorgées, comme il arrive souvent avec les pistons et les clapets en usage. La commission n'a pas jugé à propos de faire des expériences comparatives avec les résultats fournis par les pistons métalliques ordinaires, chacun des membres restant complètement convaincu, par la grande quantité d'eau pompée, de l'immense avantage du système de M. Letestu, avantage déjà apprécié par une commission spéciale du génie maritime de Toulon, qui a expérimenté longuement et avec soin ce nouveau genre d'épuisement, en le comparant à l'ancien. Les résultats numériques de ces expériences comparatives sont consignés dans le rapport que M. Letestu a bien voulu mettre sous nos yeux.

Les pistons de M. Letestu sont d'une simplicité remarquable ; ils se composent d'une tige de fer armée d'un talon, terminée par une vis et un écrou, d'un cône métallique percé de trous pour donner un libre passage à l'eau, et d'un second cône formé par deux morceaux de cuir très fort. Le cône de

cuir arc-boute sur le talon de la tige, le cône métallique est placé sur celui-ci, puis l'écrou les fixe sur
la tige. La soupape au bas du corps de pompe est un
disque métallique percé de trous, sur le milieu se
trouve un boulon et un écrou servant à maintenir
un cercle de cuir environ du diamètre du corps de
pompe.

La commission pense qu'avec ce système on n'a
plus à craindre les inconvénients que présentent les
clapets ordinaires. La tige qui joint le piston à la
brinqueballe n'a plus besoin d'être fixée au piston
par une articulation afin de se mouvoir toujours dans
l'axe du corps de pompe. Celui-ci ne peut pas être
endommagé par le cuir, dont le frottement est très
doux. On ne sera plus dans l'obligation d'aléser le
cylindre ou de remplacer chèrement les pistons.
Deux pistons et deux chopines fournis, pour les pompes *du Mentor*, ont coûté 221 francs, tandis que
d'après le système de M. Letestu, le prix ne monterait pas à 60 fr.

En cas d'avarie, les réparations à faire sont faciles
et des ouvriers du bord peuvent les exécuter avec
nos simples moyens. Ces avantages font penser à la
commission que l'administration ferait bien de les
adopter comme cela a déjà eu lieu dans la marine
royale : elle croit même que leur bon usage, et surtout le peu d'adresse et de savoir qu'exige leur réparation, et même leur construction, de la part de l'ouvrier, doivent faire désirer qu'elles soient appliquées
dans la plupart des pompes de nos bâtiments et de
nos machines.

Fait triple à Marseille, les jour, mois et an que dessus.

Les membres de la commission,

Signé, Lorin, de Brux, Blanc, Abgrall, Lightly et Legat.

Toulon, le 2 juillet 1842.

Monsieur,

J'ai l'honneur de vous transmettre ci-joint la copie d'un rapport de M. le capitaine *du Tancrède*, sur les pistons des pompes à air construits d'après votre système.

En vous faisant parvenir cette pièce, je me conforme au vœu de M. le directeur du service des paquebots-postes à Marseille, auquel je sais gré de sa communication.

Des résultats satisfaisants étant consignés dans le compte-rendu des expériences qui ont eu lieu sur vos pistons, j'adresse au ministre de la marine une copie de ce rapport, que je fais connaître aussi à M. le commandant supérieur des navires à vapeur.

Recevez, Monsieur, l'assurance de ma parfaite considération.

Le vice-amiral, préfet maritime,

Signé, Baudin.

N° 8.

PORT
DE
TOULON.

Rapport sur les pompes du système de M. Letestu.

Sous la direction de M. Letestu, inventeur d'un nouveau système de pompes, il en a été établi à bord du vaisseau *le Montebello*, deux d'étrave et deux d'épuisement : l'une, dans la batterie basse, l'autre, dans l'entrepont. Ces quatre pompes fonctionnent suivant le besoin depuis que le vaisseau est sorti du port (6 mars dernier).

Les pompes d'étrave, d'un usage facile, peu fatiguantes et pour l'exercice desquelles il ne faut qu'un homme, donnent soixante-cinq litres d'eau à la minute, chacune, moyennant 21 ou 22 coups de piston. Ces pompes sont journellement en fonction, tant pour le lavage du vaisseau et de la poulaine, que pour des besoins très multipliés ; celle de bâbord, particulièrement, est presque sans cesse en activité, et malgré ce service elles n'ont éprouvé aucun dommage, n'ont fait aucune avarie ; seulement, après trois mois d'usage, le cuir du piston de bâbord étant usé, il a été changé, et cette opération a été faite en quelques minutes par un calfat du bord, qui n'a vu ce système de pompe qu'à bord du vaisseau.

La pompe de la batterie basse n'est autre que le corps de la pompe ancienne à double piston qui existait avant, et auquel M. Letestu a adapté son système ; elle agit au moyen d'une brinqueballe simple à deux branches sur lesquelles on place douze hommes, qui la font mouvoir facilement ; il n'y a point de secousses, et le mouvement très doux de cette brinqueballe est une garantie de durée pour elle, très précieuse dans un cas urgent ; on ne trouve pas cette sécurité dans les pompes actuelles à double piston, dont les mouvements très durs font appréhender à tout instant la rupture de quelque partie de la manivelle. La brinqueballe de la pompe Letestu

est montée sur un simple support fixé au pont et lié
avec la pompe au moyen d'une chape; on peut en
un instant enlever la brinqueballe et le support.
Un avantage non moins évident de cette pompe,
c'est que 12 hommes suffisent, ainsi que je le dis,
pour la faire fonctionner, tandis qu'il en faut 24 pour
l'ancienne pompe à double piston.

La pompe de l'entrepont, construite entièrement
en cuivre chaudronné, ayant un corps beaucoup
moindre que celle de la batterie, jette conséquemment
moins d'eau, mais elle en jette plus que les pompes
actuellement en usage d'un diamètre égal au sien.
Elle est aspirante et refoulante, afin d'élever l'eau
dans un tuyau placé sous le pont de la batterie
basse, allant jusqu'en dehors du bord; ce tuyau est
fermé à l'extérieur par un clapet que l'eau fait ouvrir
pour se faire passage, et qui se referme tout naturellement par son propre poids : quelque rapproché
de la flottaison que soit l'ouverture de ce tuyau, l'eau
ne peut jamais entrer dans le vaisseau par elle.
Cette pompe à brinqueballe double est facilement
mise en action par quatre ou cinq hommes, elle a
souvent servi à épuiser l'eau de la cale, à quoi l'on
parvient promptement, bien que cette pompe soit
d'un faible diamètre; elle offre en outre le grand
avantage de ne point encombrer la batterie et de
mettre conséquemment son équipage plus à l'abri
des boulets de l'ennemi qu'il ne serait en haut.
Cette pompe, qui ne diffère des précédentes que par
cette double propriété d'être aspirante et refoulante,
a toujours parfaitement fonctionné. Les réparations

pourraient en être faites tout aussi promptement, tout aussi facilement qu'aux autres pompes du même système. Celle-ci ne donne aucune humidité dans l'entrepont.

En résumé, ces pompes ne se sont en rien dérangées depuis qu'elles fonctionnent; d'une construction simple, elles sont faciles à réparer, leur manœuvre exige moins d'hommes et elle est moins fatiguante que celle des autres pompes d'un même diamètre, leur produit est sensiblement supérieur à celui de toutes les pompes de l'ancien système; en outre elles ont l'avantage de ne point s'engorger, quelque malpropre que soit l'eau; j'ai vu à cet égard une épreuve qui ne laisse aucun doute: on a pompé pendant long-temps une eau extrêmement chargée de sable sans que la pompe se soit arrêtée un seul instant, et sans qu'elle ait été le moins du monde endommagée.

Tel est le résultat des observations que j'ai été en position de faire sur les pompes de M. Letestu, dont le système jusqu'à présent me paraît beaucoup supérieur à celui maintenant en usage.

A bord du *Montebello*, rade de Toulon, 28 juin 1842.

Le capitaine du Montebello,

Signé, Guérin des Essarts.

Pour copie conforme,

Le vice-amiral, préfet maritime,

Signé, Baudin.

Ville de Marseille, 2 août 1842.

Amiral,

N° 9.
—
VILLE
DE
MARSEILLE.

Vous m'avez donné l'ordre, il y a déjà long-temps, d'établir à bord du vaisseau *la Ville-de-Marseille* de nouvelles pompes inventées par M. Letestu. Le départ du vaisseau pour Barcelone et ensuite pour le Levant, ne permit pas à l'inventeur d'appliquer son système aux grandes pompes de *la Ville-de-Marseille*; les petites pompes d'étrave furent les seules qu'il pût installer, c'est donc sur ces dernières que j'ai à donner des explications.

L'eau qui alimente ces pompes d'étrave, entre dans l'intérieur du vaisseau par deux robinets placés de chaque côté, en avant du magasin général ; elle remonte ensuite aux pompes par des tuyaux en cuivre qui suivent, en restant découverts, la partie avant du vaisseau. Ces pompes sont comme les anciennes, établies sur la petite dunette du gaillard d'avant. Elles se mettent en mouvement par une courte brinqueballe verticale, sans qu'on soit obligé de les amorcer. Celle de babord est à double effet, aspirante et foulante ; elle sert avec une petite manche en cuir, terminée par un conduit comme les pompes à incendie, à nettoyer ou à laver la chaîne quand elle vient du fond couverte de vase. Celle de tribord est à simple effet.

La première a été mise en place dans le mois de novembre 1841, sans qu'on lui ait fait aucune réparation : elle va toujours bien, quoique un peu durement; la seconde ne fonctionne que depuis le mois de mai. Ses mouvements sont doux et faciles. On a changé le cuir du cône aspirant ; il s'était usé vite, peut-être parce qu'il était de mauvaise qualité.

En résumé, le travail de ces pompes d'étrave, est facile, très prompt, puisqu'il n'est pas nécessaire de les amorcer, et enfin, elles donnent une assez grande quantité d'eau, suffisante pour laver les gaillards. Ces raisons me font conclure qu'il serait avantageux pour la marine de les employer.

Je suis etc.,

Signé, Quernel.

capitaine de vaisseau, commandant.

Pour copie conforme,

Le vice-amiral, préfet maritime,

Signé, Baudin.

Tartare, 4 août 1842.

N° 10.

LE TARTARE.

Amiral,

J'ai l'honneur de vous adresser le rapport que vous me demandez sur les essais des pompes Letestu à bord du *Tartare*.

En janvier 1842, les pompes royales du bateau à vapeur le *Tartare* ont été modifiées d'après le système de M. Letestu.

Depuis l'installation de ces pompes, elles ont fonctionné dans tous les cas et sous toutes les températures, soit à l'eau froide, soit à l'eau chaude quand le bâtiment avait plusieurs jours de mer. Dans les services journaliers de propreté, de même qu'à la suite de ces travaux qui, laissant dans la cale des corps étrangers, pourraient empêcher le jeu des pompes ordinaires, tels que la poussière résultant de l'embarquement du charbon et les dépôts de mâchefer après une longue traversée, nos pompes Letestu ont toujours parfaitement fonctionné.

Jamais elles n'ont exigé de réparations, les airs n'ont même pas été changés, et pour tout soin d'entretien, il suffit de maintenir dans le corps de pompe le niveau d'eau au dessus des pistons, afin que les cuirs soient toujours humectés et ne puissent, en se contractant par la sécheresse, ne plus s'adapter hermétiquement au cylindre de la pompe.

Nous avons pu remarquer aussi que ces pompes donnaient un volume d'eau beaucoup plus considérable que les pompes ordinaires, que le vide s'y faisait parfaitement bien, et qu'il fallait moins de force pour les mettre en jeu.

La simplicité de ce système est telle, qu'avec les ressources du bord, on a pu l'appliquer à la pompe d'étrave, et que nous avons confectionné une pompe de ce genre de 0^{m}07 de diamètre pour le service de la cambuse.

J'ai l'honneur, etc.

Signé, CHARPENTIER,
capitaine du *Tartare*.

Pour copie conforme,
Le vice-amiral, préfet maritime,
Signé, BAUDIN.

Belle-Poule, 5 août 1842.

N° 11.

BELLE-POULE.

AMIRAL,

Les pompes à double piston, en usage dans la
marine, et qui ont succédé aux pompes à chapelet,
furent reçues en quelque sorte avec enthousiasme ;
plusieurs avantages importants masquèrent d'abord
les défauts de ces pompes, peu à peu l'enthousiasme
se calma et de grandes imperfections se montrèrent
à découvert.

Bien des tentatives ont été faites à plusieurs épo-
ques pour y remédier, mais jamais avec un succès
complet : ce triomphe était réservé à M. Letestu.

Les officiers de la marine se plaignaient depuis
long-temps de l'embarras qu'occasionnait la mise en
train des pompes à double piston ; aussi ne s'en
servait-on que dans les occasions importantes. Le
peu d'habitude de les monter faisait perdre du temps,
et l'inactivité des pistons favorisait l'oxydation au
point qu'on ne pouvait les faire mouvoir qu'avec
beaucoup de peine. J'en ai été moi-même témoin
plusieurs fois et j'ai pu constater une perte majeure
de leur puissance après une heure de travail : perte
produite aussi, au moins en partie, par un défaut de
principe dans leur construction, par le déchirement
des clapets et l'arrachement des vis qui les maintiennent, accident qui a manqué être fatal à la frégate *la Terpsichore*, et qui s'est renouvelé si souvent
depuis.

Les moyens du bord étaient en quelque sorte
insuffisants pour y remédier ; il fallait alors recourir
à des moyens auxiliaires d'épuisement dont le moin-

dre effet dans un combat était de jeter le découragement dans l'équipage.

La pompe à double piston est seulement aspirante, elle élève l'eau de la cale dans la batterie et la chasse hors du bâtiment au moyen d'une manche dont le bout ne doit que s'engager à peine dans le dalot. Il en résulte que le gaz hydrogène sulfuré dégagé par l'eau croupie (et c'est l'état habituel de celle qui est dans l'archipompe) se répand dans tout le bâtiment, oxyde tous les métaux et attaque même certaines constitutions faibles parmi l'équipage. Si l'on pompe pendant le roulis, l'eau déborde par-dessus les pompes, refoule du bout des manches vers l'intérieur ; alors la batterie se remplit d'eau et les hommes attachés au service des pièces voisines du grand mât en sont tellement gênés, qu'en combattant dans de pareilles circonstances, ces pièces iraient fort mal.

Peu de bâtiments ont leurs batteries munies à chaque sabord des pitons nécessaires pour les changements d'affûts. C'est sans doute une grande faute; mais cela est ainsi. Dans plusieurs batteries, il y en a trois seulement : un à chaque bout de la batterie, l'autre au centre, et celui-ci est paralysé par le jeu de la pompe à double piston. Cet inconvénient est majeur.

Enfin, si l'on considère, comme il convient, le désavantage d'agglomérer une masse d'hommes au centre du bâtiment, dans une batterie dont ils gênent beaucoup le service, où ils sont très exposés et dans laquelle ils peuvent recevoir toutes les impressions du découragement, on ne pourra qu'apprécier et louer les nobles efforts de ceux qui ont cherché le problème difficile de parer à ces graves inconvénients, on peut presque dire à ces désordres.

Parmi tous les concurrents qui se sont présentés, M. Letestu est le seul qui nous paraisse avoir rempli complètement le but.

Ses pompes sont d'une simplicité admirable, d'une solidité parfaite; dans tous les cas possibles, les moyens du bord peuvent rapidement réparer les avaries imprévues et faire au besoin toutes les pièces.

Le corps de pompe est en cuivre chaudronné; il est entièrement placé au dessous du plancher du faux-pont à l'abri de toute espèce de projectile; les cônes intérieurs de cuir et de cuivre sont si faciles à confectionner et demandent si peu de soins de construction, qu'on a quelque peine à se représenter comment des objets si simples produisent de si grands effets.

Deux pompes de ce genre sont en service sur *la Belle-Poule*; elles remplacent nos anciennes pompes à doubles pistons; leur jeu est facile, commode et s'opère dans le faux-pont avec moins d'hommes; le vide se fait si bien qu'on n'a nul besoin de les allumer pour les mettre en train et la masse d'eau qu'elles enlèvent de la cale dans un temps donné est d'un quart de plus que par nos anciennes.

Chaque pompe refoule l'eau par un gros tuyau

de décharge qui monte le long du grand mât jusqu'au dessous du plancher de la batterie, où il se
courbe pour aller le long d'un banc traverser le
bord.

Si l'on voulait cacher à l'ennemi la nécessité où
l'on se trouverait de pomper, on pourrait adapter à
ce tuyau, extérieurement, une manche noire qui
plongerait. M. Letestu a prévu les cas où le roulis
pourrait agir défavorablement sur ce tuyau. Il y a
remédié, en enlevant en deux endroits une portion
d'environ $0^m 30$ qu'il a remplacée par des manchons
en cuir; un petit panneau a été ouvert de chaque
bord au plancher de la batterie, directement au dessus du coude du tuyau, dans cette prévision que si
un boulet cassait le tuyau de refoulement, il serait
aussitôt remplacé par une manche en cuir ou en
toile ajustée à la base du tuyau, au niveau du
plancher du faux-pont, laquelle manche monterait
perpendiculairement, passerait par le petit panneau
et conduirait l'eau au grand dalot ordinaire. Ainsi,
ces pompes n'ont aucune communication avec la
batterie et sont forcément affranchies, sous ce rapport, des défauts inhérents aux pompes à double
piston.

Depuis quatre mois ces deux pompes nous servent
journellement; nos calfats les préfèrent aux pompes
royales: il faut allumer celles-ci, y mettre une manche
et leurs brinqueballes. Celles de M. Letestu n'exigent
que la mise en place de la brinqueballe, voilà tout,
et on peut pomper aussitôt, sans jamais être incom-

modé, comme avec les premières, par la mauvaise odeur de la cale.

Dans les expériences, nous avons fait pomper plus de trois heures successives sans donner le moindre repos aux pistons. Ils étaient après ce temps, ainsi qu'ils le sont aujourd'hui, encore en aussi parfait état qu'à leur mise en place en mars dernier. Il y a donc ici une supériorité immense sur les pompes à doubles pistons, puisqu'il est de notoriété publique, qu'après une heure ou deux de fonctions, les clapets ne vont plus : le choc de l'eau prise entre les deux pistons les ébranle au point que les mieux consolidés ne peuvent résister. Je rappelle encore la situation de la frégate *la Therpsichore* coulant bas, obligée de changer les clapets toutes les demi-heures et les vis qui les tenaient.

Sur *l'Algésiras,* sur *la Belle-Poule,* on a aussi expérimenté qu'après une heure de travail il fallait arrêter pour changer les clapets. Je ne dois pas passer sous silence nos deux excellentes pompes d'étrave qui vont pour ainsi dire continuellement depuis quatre mois, sans avoir subi la moindre réparation ; elles sont encore dans un état parfait et nous donnent une masse d'eau deux fois plus forte que nos anciennes pompes : elles ne peuvent être meilleures.

C'est donc un éminent service que M. Letestu nous a rendu par sa précieuse invention. Je ne parle pas seulement en mon privé nom, mais aussi au nom des officiers et maîtres qui ont été chargés de suivre l'effet produit par ces excellentes pompes. Nous

nous réunissons tous, Amiral, pour vous exprimer le vœu d'en voir généralement doter la marine.

Je suis, etc,

Signé : LUGEOL, commandant par intérim la *Belle-Poule*.

Pour copie conforme,
Le vice-amiral, préfet maritime,
Signé, BAUDIN.

N° 12.
—
PERDRIX.

Perdrix, le 8 août 1842.

AMIRAL,

Conformément à votre ordre du 6 du courant, j'ai l'honneur de vous adresser le rapport sur les pompes de M. Letestu. Ces pompes ont été installées deux jours avant mon départ pour Alger. Pendant la traversée, le bâtiment ayant fait un peu d'eau, je me suis servi des pompes ordinaires. Aujourd'hui, j'ai fait pomper : 4 pouces d'eau ont été enlevés en 5 minutes. Dès que le lest en sable que j'ai à bord sera débarqué, je mettrai dans la cale une plus grande quantité d'eau pour faire une nouvelle expérience.

M. Marcale, 2ᵉ maître mécanicien chargé du mécanisme pour le retour de la chaîne dans le puits, est embarqué sur le bateau à vapeur *le Phaéton*, actuellement à Tunis.

Daignez agréer, etc.

Signé, CARADEC, capitaine de *la Perdrix*.

Pour copie conforme,
Le vice-amiral, préfet maritime,
Signé, BAUDIN.

Euryale, le 10 août 1842 (Toulon).

Monsieur le préfet,

La pompe de l'invention de M. Letestu, établie depuis peu à bord *de l'Euryale*, à côté de l'étrave à babord et sur laquelle vous me prescrivez de vous adresser un rapport, vient de donner des résultats très-satisfaisants, durant les essais auxquels elle a été soumise.

Cette pompe dont le corps est de 16 centimètres de diamètre et la course du piston de 32 centimètres doit, d'après le calcul, produire 64 litres d'eau en 10 coups de piston.

Cela posé, deux hommes placés sur le levier ayant opéré ce nombre de coups, ont amené 75 litres d'eau; les mêmes hommes placés ensuite sur la pompe d'étrave ordinaire, fixée au bord opposé du brig, agissant pour opérer également 10 coups de piston, ont obtenu 15 litres d'eau résultat indiqué par la théorie, le corps de cette pompe étant de 9 centimètres de diamètre et la course du piston de 25 centimètres.

Dans cette expérience, l'ancienne pompe d'étrave a rempli son objet; mais si l'on compare son produit au premier, c'est-à-dire à celui de la pompe Letestu, on verra que celle-ci donne un bénéfice de 11 litres, lequel bénéfice devient considérable pour peu que l'emploi de la pompe soit prolongé, d'où l'on voit déjà que la nouvelle pompe l'emporte sur la première.

Indépendamment de cet avantage, la pompe de

M. Letestu en offre d'autres que nous n'omettrons pas de faire remarquer, c'est qu'à cause de la simplicité de sa construction les réparations en sont faciles et peuvent très-bien se faire avec les moyens du bord et que la toile à voile peut remplacer le cuir qui entre dans la confection du piston, sans que la quantité d'eau obtenue reçoive la moindre diminution.

Ainsi donc, si cette pompe résiste comme celle dont on s'est servi jusqu'à ce jour, au fréquent usage qu'on est obligé d'en faire, on pourra dire qu'elle lui est de beaucoup préférable et désirer de la voir généralement s'établir à bord de nos bâtiments de guerre.

Je suis, etc.,

signé, ALLÈGRE,

capitaine de l'*Euryale*.

Pour copie conforme,

Le vice-amiral, préfet maritime,

Signé, BAUDIN.

Perdrix, 13 août 1842.

N° 14.

PERDRIX.

Amiral,

Je viens de faire une nouvelle expérience entre les pompes de M. Letestu et les pompes ordinaires. Les premières ont enlevé 8 pouces d'eau en cinq minutes, malgré que le piston de la pompe de bord fût rempli de sable, ce qui ne l'a pas empêché de fonctionner.

Les pompes ordinaires ont donné le même résultat, mais elles n'étaient pas engorgées de sable comme les premières.

Daignez, etc.

Signé, CARADEC,

capitaine de la *Perdrix*.

Pour copie conforme,

Le vice-amiral, préfet maritime,

Signé, BAUDIN.

Toulon, le 31 août 1842.

Monsieur le Commandant,

N° 15.

A Monsieur
CUNEO D'ORNEO,
Capitaine de vaisseau
A TOULON,

J'ai eu l'honneur de vous faire connaître, en vous écrivant le 1er août, sur l'objet de la commission que j'ai mise sous votre présidence, que je vous adresserais les rapports que je réclamais de MM. les commandants des navires à bord desquels les pompes du système de M. Letestu ont été essayées.

Ces rapports sont ci-joints.

Pour remplir l'intention exprimée dans ma première lettre, vous voudrez bien réunir la commission, afin qu'une lecture de ces documents soit faite devant elle.

Les résultats qu'ils présentent devront être résumés soigneusement pour bien fixer l'opinion de la commission sur les avantages que peuvent permettre, dans leur application, des pompes confectionnées suivant le mode de M. Letestu.

Ce sera après la solution de cette question que, conformément à mon ordre de convocation, la commission à la tête de laquelle vous êtes placé, préparera avec une pleine sécurité, les bases du traité spécial à passer avec M. Letestu pour la fourniture d'un certain nombre de pompes de l'invention de cet ingénieur mécanicien.

Recevez, Monsieur le Commandant, l'assurance de ma considération distinguée,

Le vice-amiral, préfet maritime,
Signé, Ch. BAUDIN.

N° 16.
—
DIRECTION
DES
TRAVAUX
HYDRAULIQUES.

Expérience sur l'emploi de la pompe à épuisement de M. Letestu.

Le 5 septembre 1842, l'expérience suivante a été faite en notre présence avec la pompe à épuisement de l'invention de M. Letestu.

Cette pompe est à double piston; son corps en cuivre chaudronné, a 0^m30 de diamètre; la course des pistons manœuvrés par une double brinqueballe, et de 0^m20. L'aspiration se fait au moyen d'une manche aspirante en cuir terminée par une crépine. Cette manche était composée de trois morceaux de trois mètres de longueur chacun, ajustés entre eux par des brides en cuivre, serrées par des boulons et étaient reliés à la pompe au moyen de deux tuyaux coudés en cuivre chaudronné, garnis de brides assujeties par des boulons,

Les tuyaux d'aspiration portaient donc cinq jointures, non comprise celle de la crépine.

La pompe était placée à l'atelier des artifices au

bord d'un puits qu'on voulait approfondir et où les eaux de source arrivaient abondamment.

L'aspiration se faisait à une profondeur totale de 9^{m}35 (29 pieds).

Le produit de la pompe, mesuré isolément pour chaque piston, a donné, savoir :

Piston supérieur................ 11 litres 33
Piston inférieur................. 13   »   03
                                   ____
Produit d'un coup double........ 24   »   36

La course des pistons étant de 0^{m}20 et leur diamètre de 0^{m}30, le produit théorique de chacun d'eux était........................... 14 litres 12
ou pour le coup double. 28   »   24

Le produit effectif était donc de 86 p.0/0 du produit théorique, malgré la hauteur limite de l'aspiration, et malgré les circonstances défavorables de l'emploi de manches en cuir et d'un grand nombre de jointures.

Le nombre de coups doubles de pistons, par minute, était de 15 : la quatité d'eau élevée dans ce temps était donc de 365 litres 40.

La pompe était manœuvrée par des forçats qui travaillaient au nombre de dix, et par relèves de 1/2 heures en 1/2 heures; l'élévation de l'eau ayant lieu à une hauteur de 9^{m}40, le travail de chaque homme représentait l'élévation de 5 k. 72 à 1 mètre par seconde; mais il faut observer que les hommes étaient placés assez incommodément et ne pouvaient pas employer toute leur force.

Le jeu de cette seule pompe a suffi pour se rendre

maître des eaux, et a permis de descendre le puits
à la profondeur voulue. Nous pouvons même ajouter
qu'aucune autre pompe, en usage au port de Toulon
pour ces sortes d'épuisements, n'aurait permis de
faire ce travail.

Toulon, le 12 septembre 1842.

Le directeur des travaux hydrauliques et bâtiments
civils de la marine,

Signé, NOEL.

N° 17.
—
MARINE ROYALE.
—
PORT
DE
TOULON.

*Rapport de la commission chargée d'examiner les
nouvelles améliorations apportées à diverses espèces de pompes, par l'application du système
Letestu.*

COMPOSITION DE LA COMMISSION :

MM. BARRALLIER, sous-directeur des constructions
navales, président ;
CUNÉO D'ORNANO, capitaine de vaisseau ;
LEJEUNE, capitaine de corvette ;
GUÉRIN, ingénieur des travaux hydrauliques ;
BURLE, sous-commissaire de la marine ;
MANCEL, lieutenant de vaisseau.

Une première commission, dans un rapport en
date du 29 mars dernier, a déjà examiné le système
de pompes de M. Letestu. Elle a décrit en détail les
parties caractéristiques de ce système, et dans une
série d'expériences faites avec soin, elle a constaté
l'effet de ces nouvelles pompes, comparé à celui des
meilleures actuellement en usage. Enfin, elle a si-

gnalé les avantages dont on est redevable à M. Letestu par la grande simplification introduite dans toute espèce de pompe, d'où il résulte à la fois économie de construction première et très grande facilité d'entretien et de réparations.

La commission actuelle n'a donc plus à s'occuper que des modifications introduites par M. Letestu dans quelques unes des pompes déjà soumises à la première commission, et de l'application qu'il en a faite depuis à de très fortes pompes à incendie.

Les pompes présentées à l'examen de la commission, toutes à simple effet, sont au nombre de quatre:

1° Une grande pompe d'épuisement, aspirante, à deux corps, installée à bord du bateau à vapeur des postes le *Périclès*;

2° Une petite pompe portative, aspirante-foulante, à un seul corps, propre à remplacer à bord les pompes à eau douce;

3° Une pompe ordinaire à incendie pour les bâtiments, du poids de 130 kil., à deux corps;

4° Une grande pompe, aspirante et foulante, à deux corps, installée à bord d'une citerne, ayant pour objet principal de fonctionner comme pompe à incendie, et pouvant servir à remplir les caisses à eau des bâtiments;

5° Enfin, à l'occasion de cette dernière pompe, la commission a eu à examiner une modification proposée par M. Letestu, pour les manches des pompes à incendie en vue de les rendre plus résistantes.

L'on va passer en revue ces différents objets.

1° Pompe aspirante d'épuisement, installée sur le Périclès.

La première commission a rendu compte de l'effet utile de plusieurs pompes analogues, et des diverses circonstances de leur mouvement. Celle-ci et les autres pompes présentées à la commission diffèrent principalement des précédentes par une modification importante dans l'ajustement du clapet du bas du corps. Dans les premières pompes le disque en cuivre, qui porte la soupape en cuir, se place dans le tuyau d'aspiration entre deux brides serrées par des boulons; dans les nouvelles pompes, la plaque en cuivre est soudée à l'intérieur du corps, la rondelle en cuir y est fixée par une petite chevillette à vis, une fenêtre, ou espère de regard, ménagée immédiatement au dessus du clapet, et fermée par une boîte à vis en cuivre, permet très simplement et très rapidement d'introduire ou de retirer la soupape et de la remplacer, s'il est nécessaire. La suppression du joint des brides rend la pompe plus simple de confection et plus solide, en même temps que plus facile à démonter et à remonter.

Cette idée d'une fenêtre ou ouverture de côté, qui contient le principe des diverses améliorations soumises à la commission, n'est pas applicable seulement au système de M. Letestu, et n'est point une invention dont il revendique la priorité. D'Aubuisson l'indique dans son traité hydraulique, comme employée depuis long-temps pour les pompes d'épuisement en usage dans les mines. Mais cette disposition n'était point encore appliquée à bord des vaisseaux; et, peu importante pour les pompes ordinaires en usage à terre, elle a une importance assez grande en marine, où parfois la perte d'un peu de temps peut tout compromettre.

2° *Petite pompe aspirante-foulante portative, à un seul corps, ou pompe d'eau douce.*

La commission a observé dans cette petite pompe la même disposition du clapet que précédemment. Un homme la manœuvre aisément; elle est d'une grande légèreté et toute d'une pièce, par conséquent très simple. Elle a pour destination essentielle la distribution de l'eau douce dans les entre-ponts; au besoin elle servirait de pompe à incendie, quoique à jet discontinu. Une disposition ingénieuse permet d'enlever à volonté son balancier, et, ainsi adossée à une épontille, elle devient extrêmement peu gênante à bord.

3° *Pompe ordinaire à incendie pour l'usage des bâtiments.*

Cette pompe n'est autre chose que la précédente, mais à deux corps, et par conséquent à jet continu. Faite tout d'une pièce, et, comme toutes les pompes Letestu, en cuivre chaudronné, elle est très légère (son poids n'étant que de 130 k., au lieu que celui des autres pompes à incendie est de 225 k.), un clapet dans chaque pompe, clapet que l'on enfonce immédiatement avec le bras, après avoir enlevé le boulon unique qui fixe le balancier des deux pistons sur le récipient, et à l'intérieur de ce récipient, un clapet unique auquel on arrive très aisément en dévissant une boîte à vis ; ce sont là les seules pièces à visiter en cas d'avarie ; et cette visite qui se fait en deux ou trois minutes, sans autre outil qu'une simple clef, exigerait probablement dans le plus grand nombre de cas, plus d'une heure avec le système ordinaire des pompes à incendie, à cause de la multiplicité des joints, des boulons, des pièces engagées les unes dans les autres (1).

Cet avantage d'une visite presque instantanée, inappréciable dans un incendie, joint à une légèreté presque double, et à une grande réduction de prix, n'est pas le seul. Indépendamment de la meilleure confection des pistons, avantage commun à toutes les pompes Letestu, la position des cuirs de ces pistons, inverse de celle des pompes ordinaires (où celui refoulant est au-dessous, et celui aspirant au-dessus, exposé à l'air), est une garantie contre le dessèchement et par conséquent contre les fuites d'eau, surtout contre l'introduction de l'air, et c'est une chance d'un rendement plus considérable.

La commission a regretté qu'à raison du peu de temps pendant lequel cette pompe lui a été soumise (2), et faute de dispositions prises à l'avance, elle n'ait pu constater la hauteur exacte du jet. Elle

---

(1) Il y a 118 pièces, tant grosses que petites, dans une pompe ordinaire à incendie, et sur ce nombre, 66 boulons à vis de diverses dimensions.

(2) Au moment même où la commission l'examinait, on est venu la chercher pour le *Volage* qui mettait à la voile.

aurait également désiré pouvoir expérimenter sur la puissance d'aspiration de cette pompe, chose que ne lui a pas permis le défaut de longueur de la manche d'aspiration. Mais à cet égard les expériences de la première commission paraissent ne pas laisser lieu au doute, le système des pistons étant le même ici que dans les autres pompes soumises à cette commission, qui, presque toutes, ont été d'un rendement supérieur à celui des pompes ordinaires. Ainsi, outre les deux avantages incontestables de la légèreté et d'une bien plus grande simplicité, les pompes à incendie Letestu doivent participer à celui qui est commun à toutes ses autres pompes, sous le rapport du rendement.

Une partie des simplifications apportées par M. Letestu dans les pompes à incendie, sont de nature à s'accommoder au système ancien de pistons et de clapets ; mais c'est à l'occasion de son système, c'est par lui qu'elles ont été introduites, c'est par conséquent à lui qu'en revient le mérite.

Et à cette occasion, nous devons signaler une observation que M. Letestu nous a faite et qui mérite attention, touchant une imperfection grave des pompes ordinaires à incendie, imperfection qui consiste dans un excès du diamètre des corps de pompes relativement à celui des manches d'aspiration. Il résulte de là que lorsque les coups de piston se succèdent avec précipitation (et il en sera nécessairement toujours ainsi dans un incendie), l'eau ne peut monter assez vite pour obéir à l'aspiration des pistons et le rendement de chaque coup est beaucoup moindre que le volume géométrique engendré, et qu'il ne devient par une manœuvre modérée. Ce défaut peut se corriger de deux manières : 1° en augmentant le diamètre des manches d'aspiration ; mais cela offrirait de l'inconvénient à raison des ouvertures étroites par lesquelles ces manches doivent pouvoir passer, et parce qu'en faisant cela on les rendrait d'un maniement plus difficile ; 2° en réduisant le diamètre des corps de pompes actuellement en usage. Par là on diminuera un peu le poids de la pompe et l'on obtiendra pour tous les cas possibles un rendement beaucoup plus voisin de celui qu'assigne la théorie, avantage que M. Letestu réalise par les proportions mieux établies de sa pompe. Mais ce qui est plus important, on évitera cet excès de fatigue que doivent éprouver les hommes pompant à coups précipités au dessus du vide ; et par conséquent supportant tout le poids de la colonne atmosphérique sur des pistons dont le diamètre trop fort augmente encore inutilement la résistance à vaincre. Aussi doit-on conclure de là que sur la pompe Letestu, dont le diamètre est plus petit et toutefois suffisant pour les manches, les hommes se fatigueront moins pour produire le même effet.

4° *Grosses pompes à incendie installées à bord des citernes.*

C'est ici, ce nous semble, de toutes les applications du système Letestu, soumises à la commission, la plus importante, par les nouveaux gages de sé-

curité qu'elle présente en cas d'incendie des bâtiments ou des établissements du port.

Une pompe aspirante-foulante, analogue à la précédente pour la disposition, mais avec des dimensions
beaucoup plus fortes (les corps de pompe avaient
20 centimètres de diamètre, la course était de 30 c.)
cette pompe, aspirant l'eau de la mer à 2^m06,
environ de hauteur et manœuvrée par 22 à 24
hommes, a élevé, par une manœuvre forcée, 2,000
litres d'eau en $2'35''$, et en plaçant successivement
à l'extrémité de la lance des ajustages de 0^m035 à
0^m030 et 0^m020 à 0^m024, la gerbe d'eau a atteint des
hauteurs successives de 15 mètres, 18 mètres et 30
mètres. Ce sont là, on le sent, des moyens extrêmement puissants en cas d'incendie, et qu'il sera pré-
cieux pour tous les ports de se procurer dorénava-
vant.

L'emploi de ces moyens pourra, dans certains
cas, être limité par le poids des lances, qui exigent
deux hommes pour être soulevées aisément, et par le
poids des tuyaux chargés d'eau, qui, par conséquent,
ne pourraient que difficilement être élevés, ainsi qu'il
en est souvent besoin, à des hauteurs assez considérables par des hommes montés sur des échelles.
Mais cette restriction n'infirme en rien la bonté de
l'installation faite par M. Letestu.

On obtiendrait, sans doute, soit une gerbe plus
grosse, soit un jet plus élevé, en déployant une force
plus considérable. Mais avec l'installation actuelle on
ne peut guère faire manœuvrer plus de 24 hommes
à la fois, 12 sur chaque bras de levier. M. Letestu

propose de placer au centre d'une citerne, au lieu de deux, quatre corps de pompe qui, aboutissant toujours à un seul réservoir et à une seule manche d'injection, correspondraient non plus à un seul, mais à deux systèmes de levier se croisant à angle droit, et qui permettraient d'employer 35 à 40 hommes à la fois. Cette idée est ingénieuse, elle est facilement réalisable, et il est à souhaiter que l'application en ait lieu.

N'oublions pas de dire que les pompes que nous venons d'examiner, serviront encore en supprimant les ajustages d'injection et moyennant une disposition particulière de robinets, à verser beaucoup plus rapidement que par les moyens d'aujourd'hui, l'eau des citernes dans les caisses à eau des navires. Dans ce cas et en agissant par une manœuvre modérée on pourra bien espérer encore moitié du résultat obtenu précédemment, ou 2,000 litres en 5 minutes, par conséquent 24 mètres cubes à l'heure.

5° Modification proposée par les manches des pompes à incendie.

A l'occasion de cette dernière pompe et de la grande résistance qu'elle exige de la part des manches en cuir qui transmettent l'eau, M. Letestu a été conduit à faire une modification au doublage dont on enveloppe les vieilles manches du port pour les consolider et prolonger leur durée. Cette modification consiste à substituer une forte sangle enroulée en hélice et cousue autour de la manche aux toiles, avec couture longitudinale. Outre la forme plus grande inhérente au tissu, ce nouveau genre d'enveloppe doit se déchirer moins aisément ; il laisse à la manche autant de souplesse en lui donnant bien plus de résistance et s'adapte mieux aux inégalités de diamètre des manches. Ainsi, la commission est d'avis qu'il doit être préféré à la toile toutes les fois qu'il y a lieu de doubler des manches, ce qui semble nécessaire pour les manches d'un gros diamètre, soumises à une forte pression, comme celles de la citerne mise en expérience. Mais comme le doublage empêche de visiter le cuir, de le graisser et qu'il doit plus ou moins entretenir une humidité constante au contact de la manche, la commission pense que l'on doit éviter autant que possible de doubler les manches de quelque manière que ce soit. M. Letestu observe qu'au moyen d'une graisse particulière dont il indique la composition, on parviendrait à graisser convenablement le tuyau à travers le doublage en tresse, et en écarter l'humidité ; et sans doute on atteindra d'autant plus près de ce résultat que la tresse sera d'une maille plus lâche, imitant une espèce de filet qui laissera jusqu'à un certain point le cuir apparent. On sent, toutefois, que quand bien même dans les commencements cet effet pourrait se produire d'une manière assez parfaite, l'état chimique du suif ou de la graisse, venant à s'altérer par un séjour prolongé à l'air, peut s'opposer à une imbibition postérieure du tissu, et qu'il y a là une question d'expérience sur laquelle le temps seul peut prononcer. Aussi, quoique la commission ne partage point entièrement et sans restriction la confiance de M. Letestu dans ce moyen, l'essai est trop facile et trop intéressant pour la marine, pour ne pas désirer qu'il ait lieu dès à présent.

La commission vient d'examiner les différents objets qui lui étaient proposés, et dans tous elle a reconnu, sinon des idées nouvelles, du moins des applications bien conçues d'un principe fécond. Elle se plaît, en terminant, à constater, avec la première commission, les avantages généraux du système Letestu, et à reconnaître que par ses travaux M. Letestu est parvenu à opérer dans les pompes actuellement en usage, des améliorations importantes destinées à rester dans la marine, parce qu'elles lui sont essentiellement applicables, et qui doivent assurer à la longue à l'état une économie considérable.

Toulon, le 6 décembre 1842.

Les membres de la commission.

Suivent les signatures.

N° 18.

—

PORT
DE
TOULON.

MARINE ROYALE.

Rapport sur les pistons de pompe à air du système de M. Letestu, mis en essai à bord du bâtiment à vapeur le Phaéton.

En exécution des ordres de M. le préfet maritime, la commission, composée de :

MM. Delassaux, capitaine de vaisseau, commandant supérieur des bâtiments à vapeur;

Fournier, capitaine de corvette ;

Joffre, ingénieur de la marine ;

De Pouques d'Herbinghem, lieutenant de vaisseau ;

Maissin, lieutenant de vaisseau,

s'est réunie à bord du bâtiment à vapeur le *Phaéton*, pour examiner l'état des pistons de pompe à air du système de M. Letestu, mis en expérience à bord de ce bâtiment, et recueillir tous les renseignements qui pourraient l'éclairer sur la manière dont ils ont fonctionné pendant la campagne qu'il vient de faire.

La composition de ces pistons diffère essentiellement de celle jusqu'ici usitée ; les clapets métalliques y sont remplacés par des clapets en toile, et les garnitures pressées, en chanvre, par des tresses de la même substance, mais libres et flexibles.

Le tout est disposé de la manière suivante : une couronne, en cuivre chaudronné, partie conique, partie cylindrique, et maintenue intérieurement par un fort croisillon, forme le corps du piston ; ce croisillon est percé au centre d'un trou, pour recevoir la tige dont le bout est taraudé et vissé. Par dessus la couronne est un plateau circulaire, en cuivre chaudronné, percé d'un grand nombre de trous, comme un crible, dont le centre en a un d'un diamètre égal à celui de la tige, et dont le contour circonférentiel se termine en forme de cône.

La garniture consiste en trois larges tresses, en chanvre, prises à moitié entre les parties coniques de la couronne et du plateau ; la moitié libre de ces tresses s'applique d'elle-même, et par l'effet de la pression de l'eau et de l'air, sur la paroi intérieure du cylindre ; leur flexibilité les rend parfaitement propres à fermer exactement l'intervalle du piston au cylindre, quelque irrégulier qu'il soit, en n'occasionnant qu'un très faible frottement.

Le clapet indépendant de la garniture, contrairement aux premières tentatives de M. Letestu, est fait au moyen de huit couches de toile à voile, circulaires, légèrement cousues ensemble et saisies autour de la tige par une rondelle et un écrou ; il est posé à plat sur toute la portion du plateau criblé de trous. Tel est sommairement le système de piston de pompe à air inventé par M. Letestu, et mis en expérience à bord du *Phaéton*.

Ce bâtiment vient de faire deux voyages dans lesquels ces pistons ont fonctionné pendant trois cents heures, et c'est à son retour que la commission, nommée à cet effet, s'est transportée à bord pour les examiner et en donner son avis à leur sujet.

Les cylindres de pompe à air ont été ouverts devant elle, les pistons en ont été retirés et ont ensuite été examinés dans toutes leurs parties. M. Maissin, lieutenant de vaisseau, l'un de ses membres et commandant du *Phaéton*, lui a remis le résultat des expériences faites à bord pendant cette campagne, pour reconnaître le degré du vide des condenseurs, avec les circonstances de mer, de vent, de tension de la vapeur, de vitesse du bâtiment et de la machine, qui les ont accompagnées.

Elle a reconnu que les pistons avaient supporté cette épreuve avec une parfaite satisfaction ; le vide du condenseur, observé à l'aide d'un baromètre à air libre, a été presque toujours au dessus de **70** centimètres (38 fois sur 48 observations), et cela dans des circonstances très diverses de temps et de fonctionnement de la machine, tandis que dans d'autres expériences faites peu de jours auparavant, à l'aide des pistons ordinaires de l'appareil, il n'avait jamais dépassé 68 centimètres et était même descendu une fois à 65 (voir le résumé des expériences reproduit à la suite du rapport).

Les pistons ne paraissaient nullement fatigués du travail qu'ils avaient fait ; la tige, quoiqu'imparfaitement emmanchée avec le croisillon, s'était très bien maintenue ; le plateau percé de trous, qui, au moyen d'un écrou vissé sur la tige, serre les tresses de la garniture, sur la partie conique de la couronne, les avait parfaitement contenues à leur place ; la toile du clapet n'était nullement usée et n'avait éprouvé aucune déformation fâcheuse. Il était évident, à l'inspection de toutes choses, que dans le mouvement ascendant du piston, il avait exactement fermé tous les trous du plateau et que dans le mouvement contraire, sa légèreté et sa flexibilité avaient causé le moins de gêne possible au passage de l'air et de l'eau. Les tresses formant les garnitures étaient un peu usées, principalement aux endroits où leurs bouts se croisent, mais elles conservaient la flexibilité nécessaire à leur application contre les parois du cylindre.

Tout cela explique pourquoi ces pistons ont procuré un meilleur vide que les anciens. Il est aisé aussi de se rendre compte, comment des pistons à clapets métalliques peuvent éprouver des dérangements dans leur usage, qui en rendent le perfectionnement défectueux, quelque parfait qu'en ait été l'ajustage à l'atelier ; les battements des clapets sur leurs siéges et contre les buttoirs, l'irrégularité de leur dilatation, les font quelquefois voiler, ou bien les broches s'usent, ou les taquets qui portent les tourillons s'ébranlent ; dès lors leur juxta-position sur le siége ne peut plus exister ; une partie de l'air et de l'eau élevés dans l'ascension, retourne dans le bas de la pompe et le vide ne peut point atteindre la perfection nécessaire. Le clapet de M. Letestu ne peut point éprouver de pareils dérangements ; sa flexibilité fait qu'il peut toujours s'appliquer exactement sur la surface qu'il recouvre, et c'est là ce qui produit l'excellent vide qu'on a remarqué.

Ainsi, en principe, le clapet en toile de M. Letestu a une supériorité incontestable sur les clapets métalliques pour obtenir un bon vide et l'expérience faite à bord du *Phaéton* paraît la confirmer.

L'opinion de la commission a donc été pleinement favorable à l'inventeur au sujet du clapet ; il n'en a pas été ainsi à l'égard des garnitures ; l'usure qui s'y est manifestée pourrait, quoiqu'elle ait été faible, faire craindre pour leur durée ; une plus longue expérience pourra seule ôter toute incertitude sur ce point ; jusqu'à présent, il paraît que la brièveté de leur durée ne sera jamais inquiétante, parce qu'elle dépassera entièrement les plus longues traversées ; de plus, la commission s'est assurée, en faisant retirer et remettre la garniture, que cette opération est aisée à faire et exige peu de temps. Il suffit, en effet, de dévisser l'écrou qui serre le plateau sur la couronne du corps du piston, d'ôter les garnitures à la main, d'en remettre d'autres, et de serrer de nouveau l'écrou ; le tout peut se faire sans retirer le piston hors du cylindre, et par conséquent sans démancher le T. Ainsi, quand même l'usure de ces garnitures obligerait de les changer plus souvent que les garnitures ordinaires, ce qui n'est nullement probable, leur remplacement est si facile et si bref, que tout le sérieux de cet inconvénient disparaît.

Le remplacement du clapet en toile serait plus long, parce qu'il entraînerait l'obligation de démancher le T. ; mais cette opération ne se fera, selon toute apparence, qu'à de très longs intervalles, le clapet étant bien moins sujet à s'user que les garnitures.

D'un autre côté, si on compare sur ce point de vue le nouveau clapet à l'ancien, le premier l'emporte incontestablement sur le deuxième ; car, en cas d'avarie, un clapet en toile est bientôt construit, le bâtiment possédant toujours de la toile ; il n'en est pas ainsi à l'égard de l'autre clapet, et si on admettait qu'on eût un rechange de clapets métalliques, comme l'usure d'un tel clapet, ou un accident quelconque qui le mette hors de service, est presque toujours accompagné d'accidents analogues à son siège, la mise en fonction du clapet neuf ne pourrait se faire généralement qu'après un certain travail d'ajustage quelquefois fort long.

La construction de ce genre de piston est des plus faciles, et exige peu de matière et de main-d'œuvre; leur réparation et même leur remplacement en rade, par les moyens du bord, est une chose faisable, moyennant quelques outils de minime importance, point sur lequel la commission a cru devoir s'éclairer de l'avis de plusieurs maîtres et ouvriers mécaniciens et d'hommes du métier.

Cet avantage n'existe pas avec les pistons ordinaires, qui ne peuvent être réparés, et, à plus forte raison, remplacés qu'à l'atelier.

Ainsi, tout semble inviter à conseiller l'emploi de ce genre de piston : néanmoins, la commission pense que, quelque favorable que soit le résultat de l'expérience faite à bord du *Phaéton*, on ne saurait mettre trop de circonspection dans l'adoption d'une mesure définitive; elle pense qu'il serait prématuré de la prendre aujourd'hui, et qu'il convient de se livrer à de nouvelles épreuves pour connaître si la solidité de construction de ces pistons est suffisante, jusqu'où se prolongera la durée des garnitures et des clapets, si le changement de ces objets à la mer se fera sans trop d'obstacles, si l'état du condenseur et des autres parties organiques de la machine n'aurait pas quelque influence sur le fonctionnement et la durée des garnitures, par exemple, si un échauffement du condenseur ne produirait pas quelque effet fâcheux sur ces tissus en chanvre; toutes choses qui ne pourront être connues que par un emploi prolongé de ces pistons.

La commission est donc d'avis de continuer les

expériences commencées à bord du *Phaëton*, et afin de ne pas attendre trop long-temps une solution qui aura de l'importance pour l'art de la construction des machines à vapeur, et surtout pour contrôler ces essais par d'autres faits en même temps ; elle émet le vœu que l'application de ce genre de piston soit faite à bord de deux autres bâtiments à vapeur ; de cette façon, les expériences faites simultanément à bord de trois bâtiments, et de la manière la plus complète, fixeront plus sûrement les idées, et mettront le ministre de la marine à même de se prononcer à l'égard de tous les bâtiments de la marine royale.

CONCLUSION.

La commission a reconnu :

1° Que les pistons de pompe à air, du système de M. Letestu, font le vide beaucoup mieux que ne l'avaient fait les pistons à clapets métalliques, qui étaient précédemment en usage à bord ;

2° Que leur frottement contre les parois du cylindre est moindre ;

3° Qu'en cas d'usure des garnitures, laquelle, selon toute probabilité, ne sera pas plus rapide que celle des pistons ordinaires, leur remplacement causera probablement moins d'embarras que celui des garnitures ordinaires ;

4° Que le remplacement du clapet en toile exigera moins de temps que celui d'un clapet métallique, en supposant qu'on ait des rechanges pour les deux, et que, dans le cas contraire, le mal est aisément réparable à bord avec les clapets en toile, et ne l'est nullement avec les clapets métalliques ;

5° Que la construction première de ces pistons est plus simple et moins coûteuse que celle des anciens ;

6° Qu'une plus longue expérience est nécessaire pour reconnaître d'une manière certaine si leur solidité et la durée de leurs garnitures et de leurs clapets seront suffisantes, et si on peut compter, en toute sécurité, sur leur parfait fonctionnement dans toutes les circonstances possibles ;

7° Qu'à cet effet il convient de placer des pistons de ce genre à bord de deux autres bâtiments à vapeur, et d'en observer attentivement l'emploi, en même temps qu'on continuera de le faire à bord du *Phaéton.*

La commission indique comme une conséquence probable et désirable du progrès qui fait l'objet de ce rapport, le remplacement des clapets métalliques du condenseur et de la bâche par des clapets en toile du système de M. Letestu. Ces clapets ont à remplir des fonctions analogues à celle des clapets des pistons de pompe à air ; il est naturel de présumer que ce qui sera un progrès pour ceux-ci, le sera aussi pour les autres ; il y aura donc lieu de pousser les expériences qu'indique la commission, jusqu'à l'application des clapets de condenseur et de bâche, en procédant avec la prudence que des objets aussi importants réclament.

La commission ne veut pas terminer ce rapport sans rendre justice aux louables efforts de M. Letestu, pour l'application aux parties les plus délicates des machines à vapeur, de son système de pompe d'épuisement, si heureusement introduit dans la marine, et si apprécié des ingénieurs et des marins. Les conséquences de son invention s'étendent plus loin qu'on n'avait présumé d'abord, et lui donnent plus de titres à la bienveillance du gouvernement.

Toulon, le 15 décembre 1842.

Les membres de la commission.

Suivent les signatures.

———

<table>
<tr><td>

N° 10.
—
PORT
DE
TOULON.

</td><td>

Rapport sur les pistons de grand cylindre, les pistons de pompe à air, les clapets de pied de pompe à air et les reniflards de l'invention de M. Letestu, établis à bord du bâtiment à vapeur le Phaéton, *ainsi que sur l'effet de la multiplication des aubes mises en essai à bord de ce même bâtiment.*

</td></tr>
</table>

La commission nommée par M. le préfet maritime et composée de :

MM. Delassaux, capitaine de vaisseau, commandant supérieur des bâtiments à vapeur;

Léon Duparc, capitaine de corvette;

Joffre, ingénieur de la marine;

De Maisonneuve, lieutenant de vaisseau;

Maissin, lieutenant de vaisseau;

Dupuy, ingénieur de la marine;

S'est réunie à bord du bâtiment à vapeur *le Phaéton*, pour examiner le fonctionnement des pistons à vapeur et à pompe à air, des clapets de pied

de pompe à air et de reniflards, inventés par M. Letestu, ainsi que l'effet produit par les aubes multiples qu'on y a installées ; la commission va rendre
compte des résultats de cet examen :

1° Les pistons des grands cylindres ont été proposés au ministre par l'inventeur qui a obtenu l'auto-
risation d'en faire l'essai sur un bâtiment à vapeur
de la marine royale. Ils ont été exécutés hors de
l'arsenal, et l'inventeur doit les reprendre et les
garder pour son compte, s'ils ne sont pas d'un bon
effet.

Ces pistons sont en fer fondu et composés d'un
corps de piston et d'une couronne; la garniture en
chanvre tressé, enduite de suif et de plombagine,
est contenue entre ces deux pièces et poussée contre
les parois du cylindre par un système de ressorts;
l'auteur espère qu'à mesure que la garniture s'usera,
les ressorts la feront toujours appliquer contre le
cylindre, et qu'on n'aura pas à subir l'obligation de
la recharger, ainsi qu'on est obligé de le faire avec le
système ordinaire de garniture en chanvre. Si ce
qu'annonce l'inventeur se réalisait, on éviterait bien
des embarras qui, dans quelques circonstances,
sont très fâcheux; ce genre de piston aurait un avantage marqué sur ceux ordinaires à garniture végé-
tale, et l'inventeur aurait rendu service à la marine
à vapeur.

Le Phaéton ayant reçu la mission de se rendre
aux îles Marquises, et ces pistons n'étant installés à
bord que depuis peu de temps, la commission n'a
pas pu pousser jusqu'au bout ses investigations;

néanmoins ce qu'elle a vu dans deux essais faits hors la rade est assez favorable pour mériter d'être indiqué, afin d'attirer l'attention de l'autorité supérieure. Dans ces deux essais le condenseur a marqué au baromètre 68, 69 et 70 centimètres, et ne s'est point échauffé; dans le premier essai, le tirant d'eau moyen du bâtiment était de 3^m47, la vitesse de 7 nœuds 1/2 et le nombre de tours de roue de 22. Dans le second essai, le tirant d'eau moyen était de 3^m77, la vitesse de 7 nœuds et le nombre de tours de roue de 15 3/4. Dans les deux cas, la vitesse a été jugée convenable, eu égard à la charge du bâtiment; cependant on a observé dans la vitesse et les tours de roues des effets remarquables, étrangers aux pistons, et dont la commission rendra compte lorsqu'il sera question des aubes multiples.

A la fin du deuxième essai, la commission a fait ouvrir le cylindre, et fait introduire la vapeur en dessous du piston; on a remarqué que celle-ci passait en quantité faible entre les garnitures et le cylindre, ainsi que par l'emboîtement de la couronne et du piston, les ressorts étaient fortement tendus; cette quantité de vapeur n'était pas assez grande pour nuire essentiellement à la marche du bâtiment ni pour échauffer le condenseur. Afin de compléter l'examen de ces pistons, il faudrait qu'ils eussent servi un temps assez long pour voir si, la garniture s'usant, les ressorts la faisait toujours appliquer contre les parois du cylindre. Bien qu'elle n'eût pu faire aucune vérification à ce sujet, la commission pense qu'au point où en est la question, le fonction-

nement des pistons est suffisamment bon pour que
le ministre consente dès à présent à les acheter à
M. Letestu au prix qu'ils lui ont coûté. Si les ressorts
ne fonctionnent pas comme l'annonce l'inventeur,
le capitaine du *Phaéton* qui va les emporter dans sa
mission, comme pistons de rechange, pourra les
employer de la même manière que les pistons ordinaires en rechargeant les garnitures. Cette expérience se fera donc loin de Toulon et le résultat se
fera long-temps attendre ; la commission émet le
vœu qu'un piston de ce système soit construit et
livré par M. Letestu, en y portant, toutefois, quelques modifications, dans la distribution de la matière,
afin d'obtenir plus de garantie de solidité.

2° Les pistons de pompe à air, de l'invention de
M. Letestu, ont déjà été l'objet d'un rapport favorable
fait par une commission, à la suite de longs essais,
qui ont eu lieu à bord du *Phaéton* : ces pistons ont
des garnitures en tresses libres, et des clapets
en plusieurs doubles de toile ; l'inventeur n'y a rien
changé depuis, et dans les deux essais qui viennent
d'être faits, ils ont fonctionné de manière à justifier
l'opinion favorable qui a été émise à leur sujet.

3° Le plein succès des pistons de pompe à air de
M. Letestu avait fait que des clapets de pied de
pompe à air construits d'après le même système ne
pouvaient que parfaitement fonctionner ; M. Letestu
a fait disposer à cet effet au fond de la pompe un plateau en cuivre percé de trous et retenu par un boulon
central sur la plaque de fondation. Une garniture est
placée sur le pourtour, et un clapet en toile couvre

le plateau. Cet appareil a très bien fonctionné dans les deux essais, et la commission est d'avis d'en faire l'application sur d'autres bâtiments, afin d'en faire le fonctionnement.

4° Les reniflards du *Phaéton* ont reçu également les clapets flexibles de M. Letestu; ils sont disposés comme à l'ordinaire, seulement le siége de la soupape est remplacé par un plateau en cuivre percé de trous, sur lequel s'applique le nouveau clapet.

Dans l'expérience, on a reconnu qu'une toile épaisse s'adaptait mal sur un petit diamètre, on l'a remplacée par deux cuirs superposés. On a pris à cet effet le premier cuir qui est venu sous la main, et dans dix minutes le clapet en cuir a pris la place de celui en toile, et la machine s'est mise immédiatement en marche; le reniflard ainsi installé a très bien fonctionné.

5° La commission avait encore à examiner l'effet des aubes multiples installées à bord du *Phaéton*. Ce bâtiment avait primitivement 16 aubes de 0^{m}66; on a doublé le nombre, qu'on a distribué également sur le pourtour de la roue, et on a réduit leur hauteur de 0^{m}33. Dans la première expérience, les aubes étaient rentrées de 0^{m}20 en dedans du cercle extérieur, le tirant d'eau moyen était 3^{m}47, la vitesse du bâtiment était de 7 nœuds et 1/2, et le nombre de tours de roue 22; le diamètre extérieur de la roue étant de 6 mètres, il s'ensuit que la vitesse circonférencielle était de 6^{m}9 par seconde, tandis que celle du bâtiment n'était que de 3^{m}85; la différence était de 3^{m}1, quantité considérable qui dénotait une grande consommation de vapeur pour une vitesse donnée.

Dans le second essai, les aubes étaient portées jusqu'à l'extrémité du rayon ; le tirant d'eau moyen était de $3^m 77$; la vitesse du bâtiment 7 nœuds 1, et le nombre de tours de roue 15 3/4. Il s'ensuit que la vitesse circonférencielle de la roue était de $4^m 95$ par seconde, tandis que celle du bâtiment était de $3^m 65$, la différence était de $1^m 30$, quantité très faible dans l'organisation ordinaire des bâtiments de 160 ; avec les roues anciennes, cette différence est d'environ 2 mètres ; il y a donc bénéfice considérable dans la consommation de la vapeur, en employant les aubes multiples ; de plus, la vitesse de 7 nœuds 10 avec la surcharge du bâtiment a paru remarquable aux yeux de la commission. Ce qui a été fait jusqu'à présent paraît donc confirmer l'opinion favorable que quelques personnes ont déjà émise sur cette installation, mais les deux essais ayant eu lieu avec des tirants d'eau différents, et sans y faire intervenir l'emploi des aubes ordinaires, il y a encore de nouvelles études à faire pour reconnaître d'une manière directe les avantages que présentent les aubes nouvelles sur les anciennes ; elles pourront être faites à bord d'un des bâtiments qui ont reçu cette installation.

RÉSUMÉ.

En résumé, bien que l'essai des pistons de cylindre à vapeur de M. Letestu n'ait pu être complet, on a reconnu qu'ils fonctionnent suffisamment bien pour que le ministre en fasse dès à présent l'acquisition, et les paie à M. Letestu au prix qu'ils lui ont coûté. *Le Phaéton* emportant ces pistons dans sa mission aux îles Marquises, il serait utile d'en faire un troisième qui serait mis en essai sur un des bâtiments destinés à ne pas quitter Toulon.

Les pistons de pompe à air, les clapets de pied de pompe à air et les reniflards de l'invention de M. Letestu, sont un véritable progrès dans l'art de la construction des machines à vapeur.

Les aubes multiples dont le ministre a prescrit l'essai sur trois bâtiments à Toulon, ont donné, à bord du *Phaéton*, lorsqu'on les place à l'extrémité du rayon, ce résultat qu'une faible vitesse relative suffit pour produire la pression nécessaire à un marche très convenable.

Il y a encore à comparer d'une manière directe l'emploi des deux espèces d'aubes à égal tirant d'eau, et dans les mêmes circonstances de mer et de vent ; cette comparaison pourra se faire à bord d'un des bâtiments ayant déjà cette installation.

Toulon, le 24 avril 1843.

Les membres de la commission,

Signé, JOFFRE, DUPUY DE LÔME, le capitaine de vaisseau DELASSAUX.

Perdrix, Toulon, le 17 mai 1843.

N° 20.

LA PERDRIX.

Amiral,

Conformément aux ordres contenus dans votre lettre, en date du 17 du courant, j'ai l'honneur de vous donner mon avis sur les pompes du système Letestu.

Ces pompes ont été installées à bord dans le mois d'août 1842 ; toutes les fois que j'en ai fait usage, elles ont parfaitement fonctionné ; elles ont été quellequefois engravées par du sable, malgré cet inconvénient elles ont donné le même résultat. Dans moins de cinq minutes on peut facilement retirer le sable ou tout autre corps étranger qui pourrait s'introduire dans les pistons ; au surplus, *la Perdrix* ne fait point d'eau, et on ne pompe guère qu'une seule fois pendant chaque traversée ; les avaries que ces pompes pourraient éprouver seront faciles à réparer.

En définitive, mon opinion est que ces pompes se manœuvrent facilement et qu'elles sont d'un excellent usage à bord.

Je suis avec respect,

Amiral,

Votre très humble et très obéissant serviteur,

Signé, CARADEC,

capitaine de la *Perdrix*.

Pour copie conforme,

Le contre-amiral, préfet maritime, par intérim,

Signé, HAMELIN.

N° 21.

PORT
DE
TOULON.

LE MONTEBELLO.

Rapport sur les pompes du système de M. Letestu.

Cinq pompes du système de M. Letestu ont été installées par lui-même à bord du vaisseau *le Montebello*, dans le mois de mars 1842.

Savoir : deux pompes d'étrave.

Une pompe d'épuisement dans la batterie basse en remplacement d'une pompe à double piston, et qui n'est autre que cette pompe, pompe à laquelle M. Letestu a appliqué son système, et que douze hommes font fonctionner, tandis qu'il en fallait vingt-quatre auparavant ;

Une pompe aspirante et foulante, pareillement d'épuisement, placée dans l'entrepont, qui peut fonctionner dans un combat sans gêner le service des pièces, et qui a en outre l'avantage de ne laisser échapper aucune goutte d'eau dans l'intérieur du bâtiment ;

Enfin, une pompe à eau douce servant à conduire l'eau dans les caisses, aux charniers et aux chaudières. Toutes ces pompes, sans exception, malgré le service auquel elles ont été appelées pendant plus d'un an, sont encore dans un état parfait de conservation, et tout me fait présumer qu'elles pourront encore fonctionner long-temps sans exiger de réparations.

D'après les essais faits à bord du *Montebello*, ces pompes à diamètre égal donnent plus d'eau que les anciennes et exigent moins d'hommes pour les manœuvrer.

Le cône creux qui sert de piston ne frottant pas

contre les parois intérieures du corps de pompe ne les use pas, ainsi que le font les garnitures des pistons métalliques dans toute la longueur de leur course, et on n'aura plus besoin de faire ces corps de pompe au retour de chaque campagne, ainsi que cela a lieu pour les autres pompes.

Les réparations, si j'en juge par celles faites à bord du *Montebello*, ne consisteront guère qu'à changer les cuirs des soupapes et des pistons lorsqu'ils seront usés; ce que le calfat le moins habile peut faire à bord, et ce qui ne se répète pas trop souvent, car la pompe d'épuisement de la batterie basse dont on se servait régulièrement deux fois par mois n'a jamais eu besoin de la moindre réparation; celle d'épuisement du faux-pont dont on se servait tous les jours pendant une heure n'a eu le cuir du piston changé qu'une fois après huit mois de service, et dans les pompes d'étrave qui aspiraient l'eau à près de huit mètres et qui servaient tous les jours près de dix heures par jour, on n'a été obligé qu'une seule fois de changer le cuir des soupapes et deux fois celui des pistons. Dans la pompe d'étrave de babord, cependant, après quatre mois de service, la rondelle en cuivre qui supporte les cuirs formant la soupape s'est brisée, nous avons attribué cette avarie à ce qu'elle était trop faible lors de sa mise en place; cette rondelle fut changée par l'atelier, mais elle aurait pu l'être à bord, car ce n'est qu'un morceau de cuivre rond soudé en travers du corps de pompe.

Cependant quoiqu'on puisse aisément faire les rondelles à bord, je crois qu'il vaudrait mieux en avoir de rechange à bord.

Le seul inconvénient que j'ai trouvé aux pompes de M. Letestu, placées à bord du *Montebello*, c'est qu'il fallait désunir les tuyaux des corps de pompes, à l'endroit où se trouvent les soupapes, lorsque ces pompes avaient besoin de réparations; inconvénient, du reste, auquel M. Letestu a remédié depuis, en plaçant une boîte de visite, au dessus de la soupape, qui permet de la visiter et de la changer en un instant, sans avoir rien à démonter.

La pompe à eau douce seule, à bord du *Montebello*, avait reçu cette amélioration.

Je crois donc pouvoir me résumer ainsi :

Les pompes du système de M. Letestu font mieux le vide et conséquemment donnent plus d'eau et l'élèvent davantage que les pompes en usage jusqu'à ce jour.

Elles exigent moins de force pour les faire fonctionner.

Elles n'usent pas les corps de pompe dans la course du piston comme le font les pompes à pistons métalliques.

Elles ont moins souvent besoin de réparations, et les réparations en sont beaucoup plus promptes et plus faciles.

Enfin, d'après les expériences faites au port de Toulon et à bord de la *Perdrix*, elles ne peuvent jamais s'engager, chose si importante à la mer.

Je pense donc qu'elles doivent être préférées sous

tous les rapports aux pompes en usage dans la marine avant son invention.

Montebello, le 19 mai 1843.

Le capitaine de corvette, commandant le vaisseau,

Signe, POUDRAT.

Pour copie conforme,

Le contre-amiral, préfet maritime, par intérim,

Signé, HAMELIN.

GABARE LA PROVENÇALE.

N° 22.
—
PORT
DE
TOULON.
—
GABARE
LA PROVENÇALE.

Rapport à M. le préfet maritime concernant les qualités des pompes d'après le système de M. Letestu.

Amiral,

Ces pompes qui sont établies depuis six mois n'ont jamais été dérangées et fonctionnent parfaitement dans ce moment-ci. Trois hommes et quatre au plus suffisent pour mettre en mouvement deux pompes opposées qui par ce simple moteur donnent de l'eau en abondance, à tel point que l'orifice horizontal ne suffit pas, car l'eau dépasse par l'orifice supérieur.

En résumé, avec dix pouces d'eau dans la cale, les deux pompes se trouvent franches dans 8 à 10 minutes, toujours avec quatre hommes, deux de chaque bord. Quant aux ressources du bord, pour réparer en cas d'avaries, je présume que ces moyens sont à peu près nuls sur les gabares armées commercialement, attendu qu'il n'existe pas de calfats à bord de ces bâtiments.

Veuillez agréer, monsieur l'amiral, l'assurance de mes sentiments respectueux.

Signé, FABRE.

Pour copie conforme,

Le contre-amiral, préfet maritime, par intérim,

Signé, HAMELIN.

N° 23.

—

PORT
DE
TOULON.

—

LE DIADÈME.

Rapport sur les pompes du système de M. Letestu.

Lors de son séjour dans le port, le vaisseau *le Diadème*, ayant changé le système de ses pompes, celui de M. Letestu lui fut appliqué par ses soins et sous sa direction. *Le Diadème* possède en conséquence six pompes de l'inventeur précité, qui sont réparties ainsi qu'il suit :

Deux qui remplacent les pompes à double piston (aspirantes) dans la batterie basse ;

Deux qui remplacent les pompes royales (aspirantes et refoulantes) dans le faux pont ;

Deux pour pompes d'étrave (aspirantes).

Les pompes royales sont en fonction depuis le 20 août 1842; elles ont souvent fonctionné et n'ont reçu aucune réparation : elles se trouvent en bon état.

Les pompes d'étrave sont en fonction depuis le 29 septembre 1842, les cuirs ont été changés cinq à six fois; les tuyaux d'aspiration ont des fuites et ont été facilement et promptement réparés avec les moyens du bord ; en ce moment, elles sont en fonction et en très bon état.

Les pompes à double piston sont en fonction depuis le 9 novembre 1842 ; elles ont servi souvent à la mer et se trouvent en très bon état. Il serait donc à désirer que l'on passât pour ces pompes un rechange de piston pour chacune d'elle, vu la difficulté qu'il y aurait à en confectionner à bord.

Quant aux autres réparations, elles peuvent être faites facilement et promptement avec les ressources ordinaires du bord.

J'ai remarqué des avantages incontestables sur le système des pompes de M. Letestu, d'abord elles exigent la moitié moins de monde pour les faire fonctionner, et ensuite j'ai pu observer que dans un temps donné elles jettent une quantité d'eau plus considérable que par l'ancien système, sans laisser les moindres traces d'eau dans les batteries et le faux-pont. Je me plais en conséquence à rendre justice au système de M. Letestu que je trouve, sans contredit, de beaucoup préférable à l'ancien.

A bord du vaisseau *le Diadème*, le 20 mai 1843.

Le capitaine de vaisseau commandant,

Signé, SALVY.

Pour copie conforme,
Le contre-amiral, préfet maritime, par intérim,

Signé, HAMELIN.

MARINE ROYALE.

N° 24.

ESCADRE

DE LA

MÉDITERRANÉE.

VAISSEAU L'OCÉAN.

*Le vice-amiral, commandant en chef l'escadre de
la Méditerranée,*

Certifie, d'après le compte qui lui en a été rendu,
que les citernes du port, destinées à transporter
l'eau à bord des bâtiments de la flotte, sur lesquelles on a fait l'application du système de pompe
inventé par M. Letestu, ont une supériorité incontestable sur celles qui n'ont pas encore reçu cette
heureuse application.

Sans entrer dans des détails que ne comporte pas
une pièce de la nature de celle-ci, il se borne à dire
que 60 à 65 tonneaux d'eau, contenance d'une citerne ordinaire, sont embarqués à bord d'un vaisseau dans l'espace de 2 heures 30 minutes, à 2 heures
50 minutes par le travail de 24 hommes, tandis
qu'il fallait près de cinq heures et 90 hommes pour
l'embarquement de la même quantité d'eau, avec
l'ancien système.

Vaisseau *l'Océan*, rade de Toulon, le 6 juin 1843.

Signé, B. HUGON.

Enregistré à la majorité de l'escadre n°

Le chef de l'état-major,

Signé, BELLANGER AÎNÉ.

N° 25.

—

PORT
DE
TOULON.

Rapport sur les bases d'après lesquelles la marine pourrait traiter avec M. Letestu, pour la fourniture des pompes de son système à établir à bord des bâtiments.

Par sa dépêche du **20 juillet 1842**, son excellence le ministre de la marine a prescrit d'examiner sur quelles bases on pourrait traiter avec M. Letestu, pour la fourniture d'un certain nombre de pompes de son système, dans le double but d'acquérir le droit d'en faire usage dans les arsenaux de la marine pour la construction des pompes des bâtiments, et d'indemniser cet inventeur des peines qu'il s'est données, et des dépenses qu'il a faites.

La commission nommée dans ce but, par ordre de M. le préfet maritime, et composée de

MM. Cunéo d'Ornano, capitaine de vaisseau, président ;

Scias, capitaine de corvette ;

Joffre, ingénieur de la marine ;

Guingan, sous-commissaire ;

s'est réunie à plusieurs reprises pour examiner la question qui lui était soumise, et en donner une solution. Elle va rendre compte du résultat de ses investigations et des conclusions où elle est arrivée.

Les pompes du système de M. Letestu ont un succès certain ; l'attestation des capitaines des bâtiments où on les a placées, et que la commission a sous ses yeux, indépendamment de ce qu'elle a pu voir par elle-même, l'établit suffisamment. La commission, mue par l'intérêt qu'elle porte à cette utile invention, a pensé que pour en jouir avant l'expiration du brevet dont l'inventeur est propriétaire, il y avait lieu de faire quelques sacrifices dans l'établissement d'un marché de gré à gré avec lui. L'étendue de ces sacrifices devrait être mesurée de manière que le surplus d'argent que la marine déboursera pour une même valeur de marchandise, joint à l'effet moral produit dans le public par le fait de ce marché, et de la préférence que la marine royale donne ainsi publiquement à ce système de pompe soit une indemnité suffisante pour l'inventeur. Tout cela est une affaire d'appréciation. L'autorité supérieure jugera si, par la solution qu'elle va proposer, elle l'a bien faite.

M. Letestu, invité par la commission de faire connaître ses prétentions, les a établies dans un état qu'il a remis à la commission, et que celle-ci joint à son rapport. On y voit que M. Letestu demande à livrer à la marine, dans les cinq ports, en trois années, 290 pompes neuves de toutes dimensisns, pour la somme de 397,770 francs, et à transformer en pompes de son système 280 anciennes pompes, pour la somme de 88,000 francs. Montant total de la fourniture : 485,770 francs. Cet état contient en outre le prix spécial de chaque espèce de pompe, avec le détail des poids et des prix de chaque partie d'une même pompe.

La commission a vu dans l'examen qu'elle avait à faire de cet état, deux considérations principales : 1° la fixation du prix de chaque pompe ; 2° le nombre de pompes de chaque espèce à commander à M. Letestu. La commission était parfaitement en mesure de vérifier la convenance des prix, mais non l'importance de la commande à faire, attendu que celle-ci ne peut se baser que d'après les besoins des cinq ports, objet sur lequel la commission n'a aucun renseignement. Laissant donc ce point de côté, elle s'est attachée à examiner si les prix demandés par M. Letestu pouvaient être acceptés par la marine, dans le double but de payer l'industriel et l'inventeur. A cet effet, elle a fait relever à l'atelier des mécaniciens toutes les dépenses, matières et main-d'œuvre, faites pour la construction d'un certain nombre de pompes du système de M. Letestu, exécutées sur les indications de l'auteur. La commission a remarqué une différence assez notable entre ces prix de revient et ceux de M. Letestu, comme on peut le voir par le tableau suivant :

Comparaison des prix de revient de la construction des pompes Letestu, à l'atelier des mécaniciens, et les prix demandés par M. Letestu.

	PRIX de M. Letestu.		PRIX de revient de l'atelier		Différence	
	fr.	c.	fr.	c.	fr.	c.
Pompe aspirante et foulante de 50 centimètres, placée dans le faux-pont.	4,112	»	2,667	89	1,444	11
Pompe aspirante et foulante de 20 centimètres, placée dans le faux-pont.	2,311	50	1,566	48	745	02
Pompe aspirante de 50 centimètres, placée dans la batterie.	2,648	»	1,805	81	542	19
(1) Pompe aspirante de 16 centimètres. . .	1,263	»	848	56	414	64
Pompe d'étrave ou de lavage.	550	»	543	•	7	»

(1 La comparaison est faite pour des diamètres de 16 centimètres, bien que l'état récapitulatif de M. Letestu en porte le diamètre à 20 centimètres, cela provient de ce que l'atelier n'en a fait que de 16 centimètres, et les prix ont été comparés proportionnellement.

Comme en voit, les prix de M. Letestu, sont, hors le dernier article, d'environ 50 p. 0/0 supérieurs aux prix de revient de l'atelier. La commission fait observer que dans l'évaluation du prix de revient de l'atelier, on ne fait entrer que la main-d'œuvre payée aux ouvriers et le prix des matières d'après les marchés de leur fourniture : on n'y comprend, ni la dépense de la maistrance, du gardiennage, ni celle de l'établissement, etc., etc., objets dont la marine ne tient pas compte dans ces sortes d'évaluations. La commission, bien que privée de renseignements précis sur cet objet, évalue à 25 p. 0/0 tous les frais de maistrance, gardiennage, loyer d'établissement, transports, correspondances, écritures, voyages, etc. Resterait d'après cela 25 p. 0/0 pour le bénéfice à partager également entre l'industriel et l'inventeur. La commission a le sentiment que ce bénéfice ne serait pas exagéré, et elle pense que la marine peut le donner.

La transformation des anciennes pompes en pompes nouvelles s'opérait par livraison, de la part de M. Letestu, des objets de détails formant les organes particuliers à son système. Les prix, par poids de matière, sont portés, dans l'état, à un taux plus élevé que pour les mêmes matières de pompes confectionnées à neuf, parce que ces objets étant très façonnés, eu égard à leur volume, et plus susceptibles de déchet, reviennent en effet plus cher. Il en est de même pour les prix des pompes à eau douce et des pompes à incendie. La commission estime que les bénéfices sur ces objets seraient analogues à ceux qu'elle a indiqués pour les constructions.

Quelques précautions seraient à prendre à l'égard de la fixation des prix dans le marché. Paierait-on pour chaque pompe le prix total indiqué dans l'état de M. Letestu? alors il serait nécessaire de fixer un minimum de poids des objets en fer et en cuivre. Ou bien paierait-on sur le poids des matières d'après les prix détaillés dans l'état? il faudrait alors leur assigner un maximum. Les relevés faits à l'atelier ont fourni les éléments de ces poids dans l'état de M. Letestu, par conséquent, on peut en considérer les indications comme exactes, étant prises sur des pompes exécutées. On pourra s'en servir pour établir cette fixation, en ayant soin, toutefois, d'accorder au fabricant une tolérance de 10 à 15 kilogrammes pour les grandes pompes, et proportionnellement pour les petites.

Il sera également nécessaire que des modèles de ces pompes soient exécutés, examinés et adoptés pour en envoyer dans tous les ports, afin de fixer la commission qui aura à opérer les recettes de cette fourniture.

RÉSUMÉ

La commission est d'avis d'accepter les prix que demande M. Letestu, dans l'état qu'il a remis à la commission, et qu'elle joint au présent rapport, moyennant les précautions qu'elle a détaillées. Elle ne peut indiquer l'importance de la commande à lui faire, ne connaissant pas quels peuvent être les besoins de la marine dans un temps donné. Elle exprime néanmoins l'opinion que pour qu'une fourniture de ce genre soit profitable au titulaire, ou même ne lui soit pas onéreuse, il est nécessaire que son importance ne soit pas restreinte, sans quoi les frais communs d'établissement et autres, se portant sur un petit nombre d'objets, pourraient en absorber ou même dépasser les bénéfices. La commission rappelle également que l'inventeur trouverait un dédommagement considérable dans une manifestation approbative de la part du ministre, de son système de pompes pour l'usage de la marine, le public devant y trouver la garantie de sa supériorité sur tout ce qui a été fait jusqu'aujourd'hui. Un marché passé avec lui, ou un article semi-officiel remplirait le but.

Toulon, le 8 juin 1843.

Les membres de la commission,

Signé, GUINGAN, SCIAS, JOFFRE.

N° 26.
—
MARINE ROYALE.
—
PORT
DE
TOULON.

Rapport sur une pompe à incendie à quatre corps, de l'invention de M. Letestu.

La commission nommée par ordre de M. le préfet maritime, et composée de

MM. LEPRÉDOUR, capitaine de vaisseau, président ;
    SCIAS, capitaine de corvette ;
    JOFFRE, ingénieur de la marine ;
    LAMBERT, ingénieur des travaux hydrauliques ;

s'est réunie à plusieurs reprises à l'effet d'examiner une pompe à incendie à quatre corps, de l'invention de M. Letestu; elle va rendre compte du résultat de son examen.

M. Letestu, favorablement connu dans le port de Toulon, par l'invention d'un système de pompe qui porte son nom, est arrivé, en en faisant l'application aux pompes à incendie, à une disposition particulière, réalisée dans la pompe à quatre corps qu'il a présentée à la commission.

Les premières tentatives de cet inventeur sur les pompes à incendie eurent lieu avec les dispositions d'ensemble des pompes à incendie ordinaires, c'est-à-dire avec deux corps de pompe, leurs boites à soupapes et le réservoir d'air commun; il n'y avait là rien de particulier, si ce n'est l'application même de son système de pompe. Plus tard, M. Letestu, cherchant, dans un but louable de progrès, à accroître à la fois la hauteur et la masse du jet d'eau de ses pompes, reconnut qu'une augmentation dans les dimensions des cylindres et, par suite, dans le nombre de bras appliqués aux brinqueballes, ne produit pas, sous ce rapport, de résultat satisfaisant. En effet, les hommes étant plus nombreux ne peuvent pas, malheureusement, s'entendre et agir avec l'ensemble nécessaire; de plus, les brinqueballes, ayant à la fois plus de poids et plus de longueur, éprouvent un surcroît de force d'inertie qui fait obstacle à la fréquence des coups de piston. L'inventeur constata donc, dans des expériences qu'il fit dans le port, que les pompes à incendie en usage à la direction des mouvements du port, étaient au maximum des dimensions utiles, au-delà desquelles il y avait peu ou point d'avantage à retirer, et que, par conséquent, ce n'est pas dans ce sens qu'il fallait marcher, pour atteindre le but si désirable qu'il poursuivait.

Il eut alors l'idée de réunir deux pompes de dimensions ordinaires, en les groupant autour d'un réservoir d'air commun, duquel leurs eaux réunies s'élanceraient dans un même jet. Il comptait par là, sans s'écarter des dimensions de pompe, que l'expérience paraît avoir consacrées, doubler l'effet utile d'un même appareil. Voici comment il a réalisé son idée.

Un socle en bronze, servant de boîte à soupapes, porte quatre corps de pompe, distribués rectangulairement, entre lesquels se trouve un réservoir d'air, Le fond de celui-ci reçoit, sur quatre secteurs percés de trous, le cuir de chacune des soupapes de refoulement des quatre pompes. On a appliqué sur le haut du réservoir une sorte de chandelier en fer, à pattes, pour supporter deux brinqueballes doubles, lesquelles, indépendantes entre elles et placées rectangulairement, font fonctionner les pistons de deux corps de pompe opposés. Les hommes, placés sur les refouloirs de ces brinqueballes, forment un carré au centre duquel est la pompe et dont chaque côté est assez grand pour recevoir 8 hommes fonctionnant ensemble, en tout 32 hommes. Les plus grandes pompes de la direction des mouvements du port en emploient au plus 20.

Afin de s'assurer de l'efficacité de cette disposition, la commission a fait fonctionner une pompe de la direction des mouvements du port, en concurrence avec celle de M. Letestu.

Dans une première séance, on a comparé la hauteur du jet des deux pompes, en employant dans chacune le plus d'hommes qu'elles pourraient recevoir. Les deux jets se sont élevés de plus de 20 mètres, celui de la pompe de M. Letestu dépassant l'autre d'une quantité sensible ; puis, dans le but de reconnaître, par approximation, à combien pouvait s'élever la quantité d'eau jetée par les deux pompes, la commission, dans une deuxième réunion, a fait remplir une caisse de 2 kilolitres, au moyen de ces pompes, en détachant la trompe et faisant jaillir l'eau par la boîte de raccordement du bout du tuyau d'ascension.

La pompe de M. Letestu, armée seulement de 24 hommes, a rempli la caisse en 3' 50", ce qui fait 0,3623 litre par seconde et par homme.

Celle de la direction des mouvements du port, armée de 20 hommes, l'a remplie en 6' 50" ce qui fait 0,2439 litre par seconde et par homme. Cette dernière pompe avait le nombre maximum d'hommes qu'elle peut employer : la première aurait pu en employer 8 de plus et aurait pu donner un résultat encore plus favorable.

Cette expérience était un indice suffisant, aux yeux de la commission, pour reconnaître l'abondance du produit de la pompe de M. Letestu et en faire par là apprécier la supériorité sur celles actuellement en usage.

La pompe de la direction des mouvements du port est construite d'après l'usage jusqu'ici suivi, c'est-à-dire avec des pistons métalliques, etc., etc.; celle de M. Letestu est faite d'après son système de pistons et de clapets, et il a été reconnu par diverses commissions qui ont été appelées à prononcer sur ce genre de pompe, qu'elles éprouvent bien moins de frottement et donnent plus de produit que les anciennes. Il ne faut donc pas douter que dans la grande différence observée entre les produits des deux pompes à incendie, une part notable ne soit due à la différence de système de pompe et non à l'agencement particulier de ces pompes pour former la pompe à incendie à quatre corps, et c'est sur ce dernier point que la commission avait à se prononcer. Afin de juger la question d'une manière certaine, il eût fallu comparer une pompe à incendie à deux corps, du système de M. Letestu, avec la pompe à quatre corps, et on aurait reconnu quel avantage pouvait avoir la dernière sur la première. A défaut d'une comparaison directe, la commission, en s'aidant du résultat des expériences faites et de l'analyse de la question, ne doute pas qu'un avantage notable en produit d'eau ne soit dû à l'arrangement particulier des quatre pompes autour du même réservoir d'air et que cette nouvelle invention ne mérite, sous ce rapport, l'approbation de l'autorité supérieure.

La commission doit ajouter que la pompe de M. Letestu offre de grandes facilités pour visiter toutes les parties essentielles, telles que clapets et pistons, chose très importante dans le moment d'un incendie, où quelques minutes d'interruption pour parer aux accidents survenus aux pompes peuvent être d'un très grave préjudice.

L'opinion favorable que la commission vient d'émettre ne doit pas la dispenser d'exposer quelques observations qui donneront lieu plus tard à des études de détail dans l'emploi de ce genre de pompe à incendie.

Les pompes ordinaires n'ont qu'une brinqueballe double, et, par suite, l'abord de la pompe est libre des deux côtés, on a pu par là ne faire usage que de pompes foulantes, prenant leur eau dans une caisse faisant corps avec elle et dans laquelle on verse l'eau à mesure qu'elle se vide ; l'appareil forme donc un tout réuni sur un chariot et cette simplicité de disposition a certainement beaucoup de mérite.

La pompe à quatre corps est au contraire enveloppée de toute part par les hommes qui pompent, impossible donc d'apporter l'eau qui doit l'alimenter jusqu'à la pompe même ; de là, la nécessité de faire usage d'une manche aspirante plongeant dans une caisse mobile placée en dehors du carré et dans laquelle se verse l'eau fournie par la chaîne. On ne peut se dissimuler qu'il y a là une complication fâcheuse qui multiplie les chances d'accident, malheureusement si nombreuses dans le trouble inévitable causé par l'incendie ; car, pour ne parler que de la manche aspirante, qui n'existe pas dans les pompes ordinaires, on comprend que cette manche étendue à terre courra grand risque d'être piétinée par la multitude de gens toujours trop empressés dans ces occasions, ou foulée par les roues de voiture, etc. ; de là les causes d'avaries qui, dans ces manches, sont très fâcheuses. Une déchirure dans une manche foulante n'a pas d'autre inconvénient que de faire perdre une partie de l'eau élevée, mais dans une manche aspirante elle occasionne des entrées d'air qui peuvent paralyser le jeu des pompes. On voit par là combien est fâcheuse la nécessité d'employer une telle manche. Sous ce rapport la pompe de M. Letestu présente un inconvénient sérieux.

La commission a fait faire l'évaluation du poids et du prix de la pompe à quatre corps, et de celle de la direction des mouvements du port. Voici les relevés qui ont été faits comparativement.

Poids et valeur d'une pompe à incendie ordinaire sur chariot.

	POIDS.	VALEUR.
Objets en cuivre et en bronze.	101k.50	664fr.50
Objets en fer.	112 00	336 00
Objets en bois et cuir des clapets.	79 00	57 00
Totaux.	292 50	1057 50

Poids et valeur de la pompe à quatre corps de M. Letestu.

	POIDS.	VALEUR.
Objets en cuivre et en bronze.	179k.00	1106fr.00
Objets en fer.	226 00	835 50
Objets en bois et cuir des clapets.	40 00	32 00
Une manche aspirante.	28 50	107 00
Totaux.	473 50	2080 50

On voit donc que la pompe à quatre corps de

M. Letestu pèsera et coûtera environ le double de ce que pèse et coûte la pompe ordinaire.

La question du prix ne peut faire difficulté, attendu que la puissance de la pompe de M. Letestu est double de celle des pompes ordinaires.

La question du poids pourrait donner lieu à quelques observations au sujet du transport et de la stabilité de l'appareil, privé du lest provenant de l'eau et devant de plus recevoir des impulsions latérales de l'une des brinquebales. M. Letestu n'a pas indiqué quelles dispositions il comptait prendre sur ce sujet.

En résumé, la commission reconnaît que la pompe à incendie à quatre corps de M. Letestu est un véritable progrès ; mais que l'inventeur a encore à faire connaître les moyens de locomotion de son appareil, et à faire disparaître les objections ci-dessus exprimées, relativement à l'emploi d'une manche aspirante. Lorsque ces difficultés seront résolues, on tirera probablement de l'avantage dans l'emploi de ce genre de pompe pour les arsenaux de la marine.

Toulon, le 19 juin 1843.

Les membres de la commission,

Signé, LEPRÉDOUR, SCIAS, JOFFRE, LAMBERT.

Rade du Lazaret, le 21 juin 1843.

Monsieur le préfet,

Depuis un an, quatre pompes d'épuisement, du système de M. Letestu, ont été placées à bord de l'*Égérie*.

N° 27.

PRÉFECTURE
MARITIME
DU
5e ARRONDISSEMENT.

Ces pompes ont toujours parfaitement fonctionné, ne se sont jamais engagées, et n'ont pas eu besoin de réparations, seulement on a changé deux garnitures de piston, opération très facile et sans aucune difficulté.

Le bâtiment ayant constamment fait de 15 à 18 pouces d'eau, trois hommes placés à une brinqueballe, pompant facilement et avec une seule pompe, ont affranchi la voie d'eau dans l'espace de 10 à 15 minutes.

Je ne puis donner que des éloges au nouveau système de M. Letestu, et affirmer que ces pompes sont d'un facile entretien et offrent un résultat très avantageux.

Je suis, etc.,

Le capitaine de corvette commandant l'*Égérie*,

Signé, SÉBILLE.

Pour copie conforme,

Le vice-amiral, préfet maritime,

Signé, BAUDIN.

N° 28.
—
PORT
DE
TOULON.

La commission composée de

MM. BELLANGER, capitaine de vaisseau, président ;
BLANC, capitaine de corvette ;
BRUN, sous-ingénieur de la marine ;

et nommée par M. le vice-amiral préfet maritime, à l'effet d'examiner des pompes d'épuisement volantes pour l'usage des vaisseaux, de l'invention de M. Letestu, s'est réunie une première fois le vendredi 23 juin 1843.

D'abord, en général, l'emploi des pompes volantes à bord des vaisseaux lui a paru devoir être une chose avantageuse, l'expérience ayant démontré que bien des navires s'étaient trouvés dans des cas de perdition imminente, par suite de l'insuffisance et de l'inefficacité de leurs pompes fixes.

La commission a ensuite procédé à l'examen de la pompe soumise à son appréciation, et l'a trouvée construite dans de bonnes conditions. C'est une pompe aspirante dont la soupape et le piston sont faits dans le système depuis long-temps présenté par M. Letestu. La soupape, placée entre le corps de pompe et le tuyau d'aspiration, est une simple rondelle en cuir, s'appuyant sur une trémie en cuivre fixée verticalement à l'extrémité du tuyau. Le piston ensuite est une crépine conique en cuivre, recouverte de deux pièces de cuir non cousues ensemble et fixées au fond du cône par la tige elle-même du piston qui est boulonné au-dessous, et dont les extrémités dépassent la circonférence supérieure de la crépine, de manière à ce que le frottement contre le corps de pompe se fasse par le cuir et non par le cuivre. La tige du piston est guidée dans une bague supportée par la partie supérieure du corps de pompe; le support de cette bague peut être facilement enlevé, de telle sorte qu'en enlevant aussi le boulon qui forme la liaison supérieure de la tige avec son T, le piston peut être facilement démonté et visité sans qu'on démonte complètement la brinqueballe. Une ouverture fermée par une boîte est pratiquée dans le bas du corps de pompe pour qu'on puisse visiter aussi la soupape d'aspiration. Le haut du corps de pompe s'élargit de manière à former un bassin avec un déversoir latéral auquel peut s'adapter un manche. Ce bassin n'était pas assez grand pour que l'eau ne fût pas projetée au-dessus à chaque coup de piston, ce qui n'a pas permis que les expériences faites fussent tout à fait précises. Mais, du reste, pour l'usage auquel ces pompes seraient destinées, le bassin, qui augmente sensiblement l'encombrement de la pompe, est tout à fait inutile, l'eau puisée dans la cale devant être tout simplement jetée sur le gaillard ou dans la batterie où l'on jugerait convenable d'établir la pompe.

La commission ayant opéré d'abord sur le quai et ensuite sur le pont d'une corvette de charge, a constaté, d'après diverses expériences, que deux hommes peuvent, en donnant 25 à 30 coups à la minute, aspirer et déverser environ 500 litres d'eau; que six hommes ont donné, en faisant parcourir au piston toute sa course, 34 coups de piston par minute, et enfin, qu'en dix coups de piston, on a élevé 172 litres d'eau, tandis que, d'après la course du piston, qui est de 52 centimètres et sur un rayon qui est de 10, on n'aurait dû théoriquement en enlever que 163 28, ce qui porte, pour 34 coups de piston par minute, l'épuisement effectif à 584 litres, tandis que l'épuisement théorique ne serait que de 555.

Le tuyau d'aspiration employé par M. Letestu est formé d'une double bande de cuir ; à la bande intérieure sont rivés, à de courts intervalles, de petits cercles en fer galvanisé, le tout est bien graissé entre les deux bandes, et recouvert d'une toile goudronnée. Il est divisé en parties ayant chacune 3 mètres de longueur, et pouvant se succéder dans un ordre quelconque. Les joints sont faits par deux boulons à charnières, portés d'un côté et reçus de l'autre par des oreilles laissées aux couronnes en cuivre qui ferment les deux extrémités de chaque partie de tuyau. Les écrous, pour plus de sûreté, ne peuvent sortir des boulons. Le tuyau ainsi fait est terminé par une crépine cylindrique. La commission l'a trouvé parfaitement étanche, bien flexible, d'un usage et d'un montage commodes.

Le poids d'une pareille pompe, avec 15 mètres de tuyaux, est d'environ 300 kilogrammes.

La commission s'est réunie une seconde fois le lundi 26 juin. M. Letestu lui a présenté une nouvelle pompe destinée aussi à l'usage des vaisseaux, mais aspirante et foulante, de sorte que non seulement elle servirait à épuiser la cale dans le cas d'urgence, mais encore elle pourrait servir de pompe d'incendie, et aussi de pompe à eau douce. Pour cela, elle a un récipient d'air placé à côté du corps de pompe, et s'élevant à la même hauteur que lui; au bas du récipient est une soupape s'ouvrant par le refoulement et placée entre le tuyau de projection au dehors, et le tuyau de communication du récipient avec le corps de pompe, et en outre le piston est muni d'un cône en cuivre fermé, recouvert entièrement de cuir comme le premier, au dessus duquel il est placé, et

auquel il est opposé par la base. Enfin la brinqueballe est double. Pour cette pompe, comme pour la
précédente, M. Letestu se propose, afin d'éviter l'encombrement autant que possible, d'établir une charnière dans la plaque qui lie le corps de pompe à la
planche qui lui sert de base.

Divers essais ont fait voir que cette pompe rem-
plissait les conditions que l'auteur avait en vue :
elle a donné le même produit que la précédente, et
projeté de l'eau à environ 12^m de hauteur, en exi-
geant, toutefois, un beaucoup plus grand nombre
d'hommes, dix et même douze.

La commission, considérant que l'encombrement
de cette pompe à bord serait beaucoup plus grand
que celui de la première, que son poids est de plus
de moitié supérieur ; que la manœuvre serait plus
difficile en raison de la grande longueur de la brinqueballe double, et qu'enfin les deux emplois supplé-
mentaires qu'elle aurait sont secondaires auprès de
la faculté d'un prompt épuisement dans les cas d'urgence, préfère la première et la plus simple des deux
pompes qui lui ont été présentées.

M. Letestu a aussi présenté à la commission un
système de tuyaux d'aspiration entièrement en cuivre ; les joints se fixaient de la même manière que
dans ceux en cuir, et la flexibilité de ceux-ci était
remplacée par l'emploi de petits tuyaux coudés, qu'on
peut fixer dans différentes positions au moyen de
différentes couples d'oreilles qui peuvent recevoir les
boulons à charnières. La commission a trouvé que
ces tuyaux seraient à bord d'un navire d'un bien plus

mauvais emploi que ceux en cuir, d'une solidité moindre et d'un montage plus pénible, et, malgré leur moindre prix de revient et leur plus grande valeur intrinsèque, elle pense qu'ils ne doivent, dans aucun cas, être adoptés.

En résumé, la commission est d'avis que la pompe aspirante de M. Letestu peut rendre de grands services à la marine, et que son usage, si elle était adoptée, serait bientôt apprécié par les ressources qu'elle offrirait dans des circonstances critiques.

Toulon, le 27 juin 1843.

Les membres de la commission.

Suivent les signatures.

Marché relatif à la fourniture des pompes du système de M. Letestu.

Je soussigné, Letestu et Cie, demeurant à Paris, rue de Vendôme, n° 9, m'engage envers monsieur le ministre de la marine, à fournir et livrer dans chacun des ports indiqués ci-après, les quantités et espèces de pompes de mon système, désignées dans le tableau qui suit ; savoir :

NUMÉROS ET ESPÈCES DE POMPES.	QUANTITÉS À LIVRER.	PORTS où les livraisons seront opérées				
		Cherbourg.	Brest.	Lorient.	Rochefort.	Toulon.
N° 1.—Pompes de 30 centimètres, aspirantes et foulantes.............................	18	2	6	2	2	6
N° 2.—Pompes de 20 centimètres, aspirantes et foulantes	18	2	6	2	2	6
N° 3.—Pompes de 20 centimètres, aspirantes seulement sans ferrure....................	18	2	6	2	2	6
N° 4.—Pompes à incendie sans tuyaux en cuir..............................	18	2	6	2	2	6
N° 5.—Pompes d'étrave et de lavage	18	2	6	2	2	6
Totaux.............	90	10	30	10	10	30

Article Ier

Chacune des pompes se composera des différentes pièces principales et accessoires dont le détail se trouve porté au devis et aux plans joints au présent marché.

Toutes les matières employées à la confection de ces pompes seront de la meilleure qualité et travaillées avec le plus grand soin.

Art. 2.

Les pompes comprises dans le présent marché seront livrées dans les ports de destination, savoir :

La moitié des pompes de chaque espèce, dans l'année 1844, et la seconde moitié, dans le courant de l'année 1845.

Art. 3.

A la fin de chaque trimestre, à partir du 1er janvier 1844, je ferai connaître à M. le ministre de la marine, le nombre et l'espèce des pompes confectionnées dans le courant de ce trimestre.

A la suite de la constatation qui sera faite de l'entier achèvement de ces pompes par une commission nommée à cet effet, et sur le vu de la facture d'expédition, il me sera payé, à titre d'à-compte, les sommes ci-après pour chacune des espèces de pompes expédiées, savoir :

Pompe n° 1. . . . . 2,000 fr.
— n° 2. 1,100
— n° 3. 500
— n° 4. 550
— n° 5. 280

Art. 4.

A leur arrivée dans les ports de destination, les pompes seront soumises à l'examen de la commission ordinaire de recettes, qui s'assurera si elles sont conformes au devis indiqué ci-dessus, tant pour le poids que pour les dimensions, et en prononcera l'admission en recette, s'il y a lieu.

Une expédition de procès-verbal de la commission, sera transmise au ministre, afin qu'il puisse être procédé au paiement du solde de la livraison effectuée,

Art 5.

Les pompes désignées aux plans ci-joints, sous les n° 1, 2 et 3, seront payées au poids, savoir :

Le cuivre de toute espèce, y compris la soudure, à raison de 6 fr. le kilogramme.

Le fer de toute espèce, à raison de 2 fr. 50 centimes le kilogramme.

Les pompes d'incendie et d'étrave, désignées sous les n° 4 et 5, seront payées, savoir :

Les pompes n° 4, à raison de 1,100 fr. l'une.

Les pompes n° 5, à raison 560 fr. l'une.

Le devis joint au présent marché fait connaître la tolérance admise pour les poids du cuivre, du cuir et du fer entrant dans la composition des trois premiers numéros.

Art. 6.

Les paiements auront lieu à Paris.

Art. 7.

Les frais d'emballage et d'expédition seront supportés par le fournisseur.

La marine se charge d'acquitter les frais du transport qui devra avoir lieu par la voie du roulage.

Art. 8.

Moyennant les prix stipulés à l'art. 5, je déclare céder au département de la marine, pour tout le temps de la durée de mon privilége, le droit de faire usage de mon système, tel qu'il est décrit dans les brevets d'invention du 8 décembre 1840, et les brevets d'addition qui en dépendent, tant pour la construction des pompes neuves de toute espèce, que pour la transformation des pompes existantes dans les établissements maritimes ou à bord des bâtiments de l'état, à la condition toutefois que tous ces travaux ne pourront être exécutés que dans l'intérieur de ces établissements, ou à bord des bâtiments de l'état.

La marine pourra profiter de toutes les améliorations que je pourrais apporter à mon système, sans être tenue pour cet objet à aucune espèce d'indemnité.

Art. 9.

Je m'engage à supporter les frais de timbre, d'enregistrement et d'impression du présent marché au nombre de 50 exemplaires.

Art. 10.

Je déclare avoir pris connaissance des conditions générales relatives aux marchés pour des fournitures à faire à la marine, et je m'engage à m'y conformer en tout ce qui n'est pas contraire aux stipulations du présent traité.

Fait à Paris, en quatre expéditions, le 4 janvier 1844.

Signé, LETESTU ET Cie.

Proposé à l'approbation du ministre.
Le maître des requêtes, directeur des ports,

Signé, BORCHER.

Approuvé.

Paris, le 8 janvier 1844.

Le vice-amiral, pair de France, ministre secrétaire d'état de la marine et des colonies,

Signé, baron DE MACKAU.

Enregistré à Paris, le 9 janvier 1844, fol. 24, rect., C. 8. Reçu 1 fr. et 10 cent. pour le décime.

Signé, VALLERAN.

———

Toulon, le 8 janvier 1844.

N° 29.
—
PRÉFECTURE
MARITIME
DU
ARRONDISSEMENT.

Monsieur,

J'ai reçu la lettre que vous m'avez fait l'honneur de m'écrire le 4 du courant, pour m'annoncer que le traité que vous avez passé avec le département de la marine, pour la fourniture de pompes de votre invention, a reçu l'approbation du ministre.

Quelque intérêt que je porte à un homme, je dois avant tout rechercher le bien de la marine. J'ai reconnu par moi-même la bonté de votre système de pompes, et je l'ai fait connaître au ministre. Dans une circonstance récente, je me suis de nouveau assuré de sa supériorité sur les pompes hydraubalistes, et j'ai de nouveau écrit à ce sujet à S. Exc.

Je ne doute pas que le département de la marine ne tire d'excellents effets de l'usage de vos pompes.

Agréez, Monsieur, l'assurance de ma considération très distinguée.

L'amiral, préfet maritime,

Signé, Ch. Baudin.

N° 30.

GÉNIE.

FORTIFICATIONS DE PARIS.
Direction de la rive droite.

CHEFFERIES DE LA VILLETTE ET D'AUBERVILLIERS.
1844.

Note sur les pompes Letestu, employées pour les épuisements dans les travaux de fortifications de Paris.

Parmi les moyens d'épuisement employés en 1841, 1842 et 1843, dans les travaux de fortifications de La Villette et du fort d'Aubervilliers, les pompes à simple aspiration, dites Letestu (du nom de leur inventeur), ont mérité la préférence à cause de leur puissance, des avantages qu'ont présentés leur mécanisme, leur solidité, leur simplicité et la facilité de leur installation, ainsi qu'à cause de la faible quantité d'action consommée par la perte de forces vives et par les frottements. Celles dont on a fait usage dans l'origine, quoique établies toutes d'après les mêmes principes, différaient notablement par la forme, par des détails de construction et par l'espèce de matériaux entrant dans leur confection; mais après différents essais, on s'est arrêté aux deux genres qui ont paru offrir le plus de solidité, et dont nous allons donner la description. (Voir planche 3.)

1° *Pompe droite.*

Cette pompe (figures **1**, **2** et **3**) se compose d'un corps et de bouts de tuyaux (le tout en cuivre rouge laminé de 0ᵐ003 d'épaisseur) ajustés en ligne droite à la suite les uns des autres, au moyen de rondelles en cuir et de brides à boulons. Chaque extrémité de ces bouts de tuyau est munie d'un renfort auquel est pratiqué un rebord rabattu au marteau. Le nombre des bouts de tuyaux ajustés dépend de la profondeur de laquelle l'eau doit être extraite.

Le corps de pompe est, comme l'indique la figure 1, consolidé par des anneaux en tôle de cuivre et des armatures en fer (figures 4 et 5).

La pompe se pose verticalement et est assujettie au moyen de deux oreilles en fer *aa* (figures 1, 3 et 5), sur un échafaudage établi en travers de l'excavation ou du puisard, et sur lequel se placent les hommes chargés de la manœuvre.

Dans l'intérieur du corps de pompe se trouvent, l'un au dessous de l'autre, deux pistons *bb* (figure 1) d'une forme particulière, et qui constituent l'un des principaux avantages des pompes en question.

Chaque piston est d'abord composé d'un cône creux renversé, en forte tôle de fer, percé d'un grand nombre de trous (figures 6, 7, 8, 9), et se trouve terminé à son sommet, légèrement tronqué, par une douille cylindrique dans laquelle pénètre et s'assujettit, au moyen d'un écrou, l'extrémité taraudée de la tige *c* ou *d* (fig. 10 et 11).

Le diamètre de la base supérieure de ce cône est de 0ᵐ01 à 0ᵐ02 plus petit que celui du corps de pompe.

Dans l'intérieur du cône en tôle se trouve un second cône en cuir fort de 0ᵐ009 d'épaisseur, qui dépasse en *c* (figures 6 et **7**) le bord supérieur du premier, de manière à venir s'appliquer exactement contre la paroi du corps de pompe. Ce cuir n'est fixé que par le bas et serré entre la tôle et la partie conique *c* ou *d* de la tige.

Les deux bords de la garniture en cuir qui viennent, pour former le cône, se réunir suivant une génératrice, sont taillés en biseau, ils sont simplement superposés l'un à l'autre et non cousus ensemble. Cette disposition, qui n'augmente pas sensiblement les fuites, a pour but de conserver à cette garniture toute sa souplesse et de permettre au bord supérieur d'adhérer toujours parfaitement à la paroi du corps de pompe, quand même le cuir aurait éprouvé du retard, par l'effet de la dessiccation. Ce bord supérieur peut aussi être aminci en biseau.

Dans la course descendante du piston, l'eau passe à travers les trous de la tôle et l'intervalle qui existe entre cette dernière et le corps de pompe ; elle soulève et fait replier intérieurement les bords du cône en cuir et pénètre ainsi, sans effort, au-dessus du piston dont le mouvement a lieu sans frottement sensible.

Dès que le piston s'arrête ou remonte, la pression de l'eau fait reprendre immédiatement la forme conique à la garniture en cuir, dont les bords longitudinaux se réunissent et dont le bord supérieur vient, en s'épanouissant, s'appliquer hermétiquement contre la paroi du corps de pompe, de cette manière le frottement du piston ne provient que de la pression de l'eau, à laquelle il est proportionnel.

Ce genre de piston n'exige point, comme on e
voit, de précision dans la confection du corps de
pompe, qui n'a pas besoin d'être alésé et peut être
en simple tôle.

Cette disposition s'applique parfaitement à l'épuisement d'eau chargée de vase et même de graviers,
qui peuvent pénétrer sans obstacle au dessus du
piston, pendant la course descendante de ce dernier.
Ces objets, ne trouvant alors aucun point d'appui
vers le bord supérieur de la garniture en cuir,
retombent immédiatement au fond du cône et ne
peuvent, par conséquent, en restant engagés entre
le cuir et le corps de pompe, y produire les frottements durs et les dégradations que les mêmes circonstances occasionnent ordinairement dans les
autres genres de pompes. Lorsque la manœuvre
avait une certaine activité, il est arrivé quelquefois que des cailloux de 0^m 03 de diamètre ont été
entraînés par l'eau, dans les pompes Letestu, sans
produire le moindre inconvénient.

Le piston inférieur est fixé à la tige droite d, f
(figures 10 et 11), qui elle-même est mise en mouvement par le balancier h (figures 1 et 14).

La tige du piston supérieur est composée d'abord
de la partie c (figures 10 et 11), à laquelle se fixe le
piston et qui est creusée intérieurement de manière
à laisser passer, à frottement doux, la tige de l'autre
piston, ensuite d'une double bielle g, g (figures 10
et 11) servant à réunir la partie inférieure avec
les deux branches du balancier bifurqué i (figures
1 et 14).

Les deux balanciers *h* et *i* sont rendus solitaires l'un à l'autre par le système d'articulation représenté figures 1 et 12, de sorte que le mouvement ascendant d'un piston correspond au mouvement descendant de l'autre.

Chaque piston, dans son mouvement ascendant, fait, à l'égard de l'autre, fonction d'une soupape qui, ici, est supprimée. Cette suppression a l'avantage d'éviter les obstructions et de faciliter considérablement le mouvement ascensionnel de l'eau. La pompe, quoiqu'à un seul corps, se trouve ainsi à double effet et produit, d'un jet à peu près continu, autant d'eau que deux corps de pompe du même diamètre et qui n'auraient chacun qu'un seul piston.

Comme on a eu l'occasion de l'observer dans l'emploi comparatif de différentes pompes, il est très important, pour le produit, que le tuyau d'aspiration soit le plus droit et le plus large possible, aussi dans les pompes Letestu, le diamètre de ce tuyau est d'environ les 2/3 de celui du corps de pompe.

On peu remarquer que dans la pompe droite que nous décrivons, les pistons sont placés à une grande profondeur en contre-bas du dégorgeoir ; cette disposition a pour but, 1° de diminuer la longueur du tuyau d'aspiration et par conséquent les chances d'introduction de l'air (principale cause de déchet dans le produit); 2° de conserver la pompe amorcée le plus long-temps possible pendant les temps d'arrêt ; enfin, de rendre insensible à la surface de l'eau l'agitation qu'occasionne le mouvement des pistons, et qui, dans les corps de pompe plus courts, fait souvent jaillir l'eau en abondance au dehors.

Les figures 1, 3 et 13, indiquent le système d'attache des tiges de piston aux balanciers et l'espèce de charnières destinées à fixer ces balanciers au corps de pompe droite. Ces charnières sont en bronze, elles ont, ainsi que les autres articulations, des chocs réitérés à supporter, et doivent offrir la plus grande résistance.

Une amélioration qu'il serait important d'introduire dans la construction de cette pompe droite, et qui en rendrait l'usage beaucoup plus commode, consisterait à donner à la partie du tuyau d'aspiration tenant au corps de pompe une longueur et une largeur telles qu'il pût entrer dans le bout supérieur du reste du tuyau, à la manière des tubes de lorgnettes et en traversant une boîte à étoupe facile à organiser.

De cette façon, la longueur totale du tuyau d'aspiration pourrait être exactement réglée avec la plus grande facilité, d'après la profondeur de l'excavation. Il suffirait pour cela de desserrer et resserrer ensuite les écrous de la boîte à étoupe, après avoir fait monter ou descendre convenablement la partie inférieure du tuyau.

2° *Pompe à tuyau de côté.*

Cette pompe, représentée par les figures 15 et 16, est plus compliquée et moins solide que la pompe droite, mais elle convient lorsqu'il n'est pas possible d'établir d'échafaudage au dessus du puisard. Elle se place alors au bord de l'excavation sur le talus de laquelle se développe le tuyau d'aspiration. Le corps de pompe est monté sur une semelle en bois, et compris entre deux montants aussi en bois, qui supportent les balanciers. Le tuyau d'aspiration est fixé latéralement à la partie inférieure du corps de pompe, il forme immédiatement après un coude horizontal, puis un second ; entre ces deux coudes est placé un ajustage ordinaire, ce qui permet de donner au tuyau toutes les inclinaisons possibles dans le sens vertical.

On a reconnu encore l'utilité d'établir une articulation semblable vers le milieu de la longueur du tuyau ; au moyen de ces deux articulations, on peut faire aboutir exactement l'extrémité inférieure du tuyau à un point déterminé.

Ce tuyau de côté offre bien moins de résistance que le tuyau vertical de la pompe droite. Les secousses qu'éprouve l'eau, par suite du mouvement des pistons, produisent dans le sens vertical des chocs réitérés qui tendent à désorganiser rapidement les assemblages et les points d'attache. L'ébranlement que la manœuvre fait éprouver au corps de pompe augmente encore cette cause de destruction ; aussi est-il important d'assujettir tout le système le plus invariablement possible.

Les pistons sont organisés ici comme dans l'autre pompe ; mais à cause du peu de longueur du corps, ils sont placés très près de la surface de l'eau.

Pour remédier à cet inconvénient et faire mieux tenir l'eau dans la pompe, on a quelquefois introduit

une soupape à la jointure du tuyau comprise entre
les deux premiers coudes ; mais cette soupape avait,
comme cela a été dit, l'inconvénient de gêner le
mouvement de l'eau et d'occasionner des obstructions.

La soupape en question, qui est aussi de l'invention de M. Letestu, est remarquable par sa simplicité
et son bon usage. Elle se compose d'un disque en
tôle forte, percée de trous, recouvert d'un autre
disque en cuir, réuni au premier par le centre, au
moyen d'un boulon à large tête. Le disque en cuir,
qui peut conserver toute sa souplesse, fait, en se
soulevant et en s'appliquant sur les trous du disque
en tôle, l'effet d'un clapet.

Les pompes droites et la plupart de celles à tuyau de
côté, qui ont été employées à La Villette et à Aubervilliers, avaient 0ᵐ 30 de diamètre intérieur au corps,
la course de chaque piston était d'environ 0ᵐ 20.

La pompe droite que nous venons de décrire a
coûté 1,000 fr. ; celle à tuyau de côté, 1,200 fr., y
compris, pour l'une et l'autre, environ dix mètres
courants de tuyaux.

Elles ont servi à élever les eaux, depuis 1ᵐ 50 de
hauteur jusqu'à 8 mètres. Dans le premier cas, deux
ou trois hommes suffisaient pour les mettre en mouvement ; mais dans le second cas, elles ont exigé,
pour être manœuvrées d'une manière continue et
avec toute l'activité nécessaire, huit hommes et même
dans certains cas, douze. Le nombre total d'hommes
employés à la pompe pendant une période de douze
heures était double des nombres ci-dessus ; ils étaient

divisés en deux brigades égales, l'une à la manœuvre et l'autre au repos, se relayant toutes les demi-heures.

Dans la construction d'un aqueduc sous le canal Saint-Denis, en 1841, trois de ces pompes, élevant l'eau à 8 mètres de hauteur, et manœuvrées chacune par dix hommes, se sont trouvées pendant quelque temps réunies sur un espace de 25 mètres carrés au plus, sans qu'on s'aperçût de la moindre gêne ou de la moindre confusion ; ce résultat n'aurait certainement pu être obtenu avec d'autres moyens d'épuisement.

PRODUIT DE LA POMPE DROITE.

Diverses observations relatives au produit et à l'effet utile d'une pompe droite, manœuvrée avec une vitesse ordinaire, ont donné les résultats suivants :

Première expérience.

Hauteur d'ascension de l'eau. . . .	6$^{m.}$	50
Diamètre intérieur du corps de pompe.	0	30

1° Avec six hommes à la manœuvre :

Course de piston.	0	212
Volume engendré par chaque piston.	0$^{m\ cub.}$01498	
Nombre de coups de piston par minute.	40	»
Produit (au dégorgeoir) de 37.5 coups.	0$^{m.\ cub.}$46426	
Produit par coup de piston.	0	01238

Produit par minute.. 0   19520
Rapport du produit en volume en-
  gendré par le piston. 0   826
Effet utile de la pompe par coup de
  piston. . . . . 80^k 47
Dito, par minute.. 3218   80
Effet utile par minute et par homme
  employé à la pompe $\dfrac{3218^{k}\cdot80}{12}$ . . . 268   24

Nota. Ce travail est réparti par tous les hommes compo-
sant les deux brigades de repos et de manœuvre.

2° Avec huit hommes à la manœuvre.

Course du piston et volume engen-
  dré comme précédemment.
Nombre de coups de piston par mi-
  nute. 45   0
Produit de 38 coups. . . . . 0$^{m.\ cub.}$46426
Produit par coup de piston.. . . . 0   01222
Produit par minute. 0   54090
Rapport du produit en volume en-
  gendré par chaque piston. 0   816
Effet utile de la pompe par coup de
  piston. . . . . 79^k 43
    id., par minute. 3574   40
Effet utile par minute et par homme
  employé à la pompe $\dfrac{3574^{k}\cdot40}{40}$ . . . 223   40

Dans cette expérience, le nombre de six hommes
a paru un peu faible et celui de huit, un peu fort; le
nombre sept était le plus convenable.

Dans l'un et l'autre cas, la manœuvre a été un peu forcée et a produit des effets utiles par minute, relativement plus considérables que dans les expériences suivantes :

Deuxième expérience.

Hauteur d'ascension. . . . . $7^m.$ 00
Diamètre du corps de pompe. . . . 0 30

1° Avec dix hommes à la manœuvre :

Course de chaque piston. 0 23
Volume engendré par chaque piston. $0^{m.\ cub.}$016257
Nombre de coups de piston par minute. 34 0
Produit de 34. 5 coups. . . . . . . $0^{m.\ cub.}$46426
Produit par coup de piston. 0 013456
Produit par minute. 0 457504
Rapport du produit en volume engendré par le piston. 0 828
Effet utile de la pompe par coup de piston.. . . . . $94^k.$ 192
Dito, par minute. 3172 528
Effet par minute et par homme employé à la pompe $\dfrac{3172^{k.}528}{20}$ 158 626

2° Avec douze hommes à la manœuvre :

Course de chaque piston. . . . . . $0^m.$ 24
Volume engendré par chaque piston. $8^{m.\ cub.}$016965
Nombre de coups de piston par minute.. . . . . 35 0

Produit de 33 coups. 0   47426
Produit par coup de piston. 0   014069
Produit par minute. 0   492415
Rapport du produit en volume en-
  gendré par le piston. 0   829
Effet utile de la pompe par coup de
  piston. . . . . , . . 98^k 423
Dito., par minute. . . . . . . , . . 3446   905
Effet utile par minute et par homme
  employé à la pompe $\dfrac{3446^k\cdot905}{24}$ . . 143   621

NOTA. Le travail a été, comme on le voit, moins avantageux avec douze hommes qu'avec dix; ce dernier nombre
était d'ailleurs bien suffisant pour la hauteur de 7^{m}00.

Troisième expérience.

Hauteur d'ascension. . . . . 4^m·   20
Diamètre intérieur du corps de
  pompe. . . . . 0^m·   30

1° Avec quatre hommes à la manœuvre :

Course de chaque piston. 0   24
Volume engendré par chaque piston. 0$^{m·cub}$·016965
Nombre de coups de piston par mi-
  nute. . . . . . , ... 29   0
Produit de 29. 5 coups de piston. . . 0$^{m·cub}$·46426
Produit par coup de piston. . . . . 0^m·   01574
Produit par minute. . . . . 0$^{m·cub}$·45646
Rapport du produit en volume en-
  gendré par le piston. . . . . . . 0^m·   928

Effet utile de la pompe par coup de
piston. 66k.   108
Dito, par minute.   1917   132
Effet utile par minute et par homme
employé à la pompe $\dfrac{1917^{k}{,}132}{8}$ . . .   239   641

2° Avec six hommes à la manœuvre :

Même résultat.

Effet utile par minute et par homme employé à la
pompe $\dfrac{1917^{k}{,}132}{12}$ 159   761

Nota. Quatre hommes étaient suffisants pour soutenir la
manœuvre d'une manière continue ; le nombre de six était
moins convenable, et l'on voit que le travail de chaque
homme a été, dans ce dernier cas, à peu près le même que
dans l'expérience précédente, lorsqu'il y avait dix hommes à
la manœuvre.

Le rapport du produit au volume engendré par le
piston n'a guère été au dessous de 0ᵐ82 pour les
grandes hauteurs d'ascension, et il est arrivé à plus
de 0ᵐ92 pour une petite hauteur. Dans les pompes
ordinaires en bon état, les fuites et les pertes occa-
sionnées par la durée de la fermeture des soupapes
et clapets réduisent ordinairement le rapport à moins
de 0ᵐ80.

Dans les expériences précédentes, on n'a pas été
à même d'apprécier exactement la quantité de travail absolu absorbé par la pompe et d'en conclure le
rapport de l'effet utile à ce travail. On n'a pas pu par
conséquent comparer à cet égard la pompe Letestu
avec les autres machines à épuiser.

Avec un chapelet incliné, l'effet utile par homme ne travaillant que huit heures est de 63,000 k. pour ces huit heures, et par conséquent de 131 k. 6 par minute. Avec une vis d'Archimède, il est de 100,000 k. par huit heures et de 208 k. 33 par minute. Ces résultats sont, comme on le voit, inférieurs à ceux donnés par la pompe Letestu lorsqu'elle est manœuvrée avec un nombre d'hommes convenable.

Ce genre de pompe a donc sur les principaux moyens d'épuisement employés, outre un grand nombre d'avantages, celui de donner par homme un plus grand produit.

La Villette, le 25 février 1844.

Le chef de bataillon du génie en chef,

Signé, BODSON DE NOIRFONTAINE.

Note du directeur-adjoint.

Depuis l'époque où M. le commandant Bodson de Noirfontaine a fait les expériences signalées dans le mémoire qui précède, M. Letestu a encore perfectionné, simplifié même son système de pompes, soit en organisant un peu mieux ses pistons, soit dans la manière de réunir entre eux et de pouvoir démonter avec la plus grande facilité les tuyaux d'aspiration.

De nombreuses expériences faites à Cherbourg et à Toulon par MM. les ingénieurs de la marine, et qui sont consignées dans trente rapports à nous présenté s par **M. Letestu**, prouvent mieux que tous les calculs la supériorité des pompes de cet habile mécanicien sur celles dont on faisait usage dans la marine avant 1840.

M. Letestu a fourni, en 1841, 42 et 43, trente pompes à double ou simple effet pour les travaux de fortification de Paris. Tous les officiers du génie qui en ont fait usage pendant ces trois exercices, et notamment M. le chef du génie de Soissons à qui on en a prêté deux en 1842, en ont été très satisfaits.

Enfin, suivant marché passé le 8 janvier 1844, au ministère de la marine, une commande de quatre-vingt-dix pompes vient d'être faite à **M. Letestu**.

Paris, le 19 février 1844.

Le colonel directeur-adjoint des fortifications de Paris (rive droite).

Signé, DAIGREMONT.

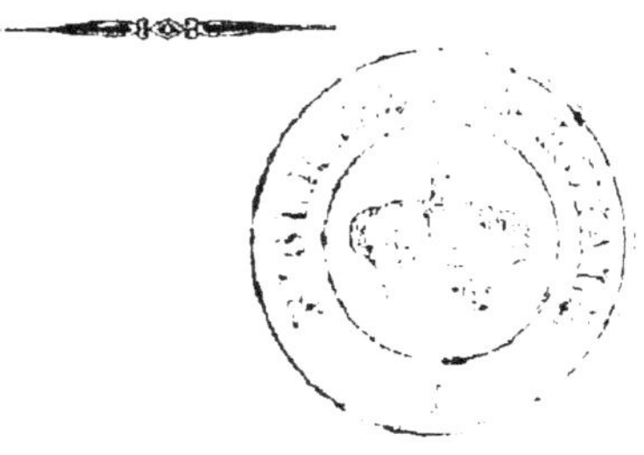

TABLE DES RAPPORTS.

N° 1. — Page 1.
—
PORT
DE
CHERBOURG.
MARINE.

Rapport sur la pompe à double et simple effet.—Diverses expériences comparatives, favorables au système de M. Letestu.—Note du directeur des constructions navales, qui propose d'en faire l'essai sur divers bâtiments de l'état.

N° 2. — Page 12.

PORT
DE
CHERBOURG.
GÉNIE MILITAIRE.

Expériences comparatives constatées en faveur du nouveau système.

N° 3. — Page 14.
—
PORT
DE
CHERBOURG.
ARSENAL.
Travaux hydrauliques.

Rapport sur diverses expériences comparatives, toutes favorables au nouveau système.

N° 4. — Page 20.
- -
PORT
DE
CHERBOURG.
ARSENAL.

Procès-verbal sommaire et descriptif de la pompe, et résultat favorable des expériences comparatives.

N° 5. — Page 26.
—
GÉNIE MILITAIRE.
Fortifications de Paris

Certificat de M. le général Vaillant, constatant la supériorité des pompes Letestu.

N° 6. — Page 27.

—

MARINE ROYALE.
PORT
DE TOULON.

Rapport sur l'examen du système et sur diverses expériences comparatives, toutes favorables. — Produit pratique *supérieur* au produit théorique. — Pompes à incendie qui ne laissent rien à désirer.

N° 7. — Page 39.

—

MARSEILLE.
PAQUEBOTS DE L'ÉTAT.

Procès-verbal d'examen en faveur du système. — Proposition de son adoption.

N° 8. — Page 42.

—

PORT
DE TOULON.
LE MONTEBELLO.

Rapport favorable sur les pompes établies sur ce bâtiment.

N° 9. — Page 46.

—

Vaisseau la
VILLE DE MARSEILLE.

Rapport favorable sur les pompes établies sur ce bâtiment, à son retour d'un voyage.

N° 10. — Page 47.

—

LE TARTARE.
Bateau à vapeur.

Rapport favorable sur les pompes établies sur ce bâtiment.

N° 11. — Page 49.

—

PORT
DE TOULON.
BELLE-POULE.

Rapport favorable sur les pompes établies sur ce bâtiment.

N° 12. — Page 54.

—

PORT
DE TOULON.
PERDRIX.

Rapport favorable sur les pompes installées sur ce bâtiment.

N° 13. — Page 55.

—

PORT
DE TOULON.
EURYALE.

Rapport favorable sur la pompe installée sur ce bâtiment. — Produit pratique *supérieur* au produit théorique.

N° 14. — Page 56.

—

PORT
DE TOULON.
PERDRIX.

Nouveau rapport sur les expériences comparatives favorables au nouveau système. — Les pompes ont aspiré *le sable*.

N° 15. — Page 57.

—

TOULON.

Lettre de M. l'amiral Baudin au président de la commission chargée de poser les bases d'un traité avec M. Letestu.

N° 16. — Page 58.

PORT
DE TOULON.
Travaux hydrauliques.

Rapport favorable sur la pompe d'épuisement du même système, — Aspiration *à 9 mètres 35.*

N° 17. — Page 60.

PORT
DE TOULON.

Rapport sur de nouvelles améliorations apportées par M. Letestu à son système. — Pompes à incendie d'une grande puissance.

N° 18. — Page 70.

PORT
DE TOULON.

Rapport sur le piston de pompe à air du système de M. Letestu, mis en essai à bord du bâtiment à vapeur le *Phaéton.*

N° 19. — Page 79.

PORT
DE TOULON.

Rapport favorable sur les pistons de cylindre à vapeur, et les pistons de pompes à air.

N° 20. — Page 85.

PORT
DE TOULON.
PERDRIX.

Rapport favorable sur l'usage des pompes installées sur ce bâtiment.

N° 21. — Page 87.

PORT
DE TOULON.
MONTEBELLO.

Rapport favorable sur l'usage des pompes installées sur ce bâtiment, après quatorze mois de service.

N° 22. — Page 90.

Gabare
LA PROVENÇALE.

Rapport favorable sur l'usage des pompes installées sur la gabare la *Provençale.*

N° 23. — Page 91.

PORT
DE TOULON.
LE DIADÊME.

Rapport favorable sur l'usage des pompes installées sur ce bâtiment.

N° 24. — Page 93.

ESCADRE
de la Méditerranée.
VAISSEAU L'OCÉAN.

Certificat délivré par M. l'amiral Hugon, constatant *la supériorité* des pompes Letestu.

N° 25. — Page 94.

PORT
DE TOULON.

Rapport sur les bases d'après lesquelles la marine pourrait traiter avec M. Letestu, pour la fourniture des pompes de son système.

N° 26. — Page 99.

PORT
DE TOULON.

Rapport favorable sur une pompe à incendie à quatre corps.

N° 27. — Page 106.

PORT
DE TOULON.
L'ÉGÉRIE.

Rapport favorable sur l'usage des pompes installées sur ce bâtiment.

N° 28. — Page 107.

PORT
DE TOULON.

Rapport favorable sur les pompes d'épuisement volantes, pour l'usage des vaisseaux. — Produit pratique *supérieur* au produit théorique.

Page 113.

MINISTÈRE
DE LA MARINE.

Marché passé avec M. le ministre pour la fourniture des pompes Letestu.

N° 29. — Page 117.

PRÉFECTURE
MARITIME
DE TOULON.

Lettre de M. l'amiral Baudin, reconnaissant *la supériorité* de ce système sur les pompes hydraubalistes.

N° 30. — Page 118.

GÉNIE MILITAIRE.
Fortifications de Paris.

Rapport favorable sur les pompes d'épuisement.

Page 131.

Note de M. le colonel Daigremont au sujet des pompes du même système.

Imp. et lith. de Maulde et Renou, rue Bailleul, 9-11.